Beautiful Bookstores in the World

世界の美しい
本屋さん

いつか行きたい
世界中の
名店ガイド

清水玲奈

X-Knowledge

Contents

南米のパリに花開いた豪華な本の劇場　　　　　　　　　006
エル・アテネオ・グランド・スプレンディッド［ブエノスアイレス, アルゼンチン］

ヨーロッパ西端の港町、宝石のような老舗　　　　　　　012
レロ書店［ポルト, ポルトガル］

荘厳なゴシック教会に生まれた本の神殿　　　　　　　　018
セレクシス・ドミニカネン［マーストリヒト, オランダ］

「自由時間広場」で本と食を堪能　　　　　　　　　　　024
クック＆ブック［ブリュッセル, ベルギー］

優雅なアーケードを彩る本の万華鏡　　　　　　　　　　030
トロピスム書店［ブリュッセル, ベルギー］

三姉妹の手でよみがえった17世紀の本の館　　　　　　036
パラッツォ・ロベルティ書店［バッサーノ・デル・グラッパ, イタリア］

ロンドンで最も愛される美しい書店　　　　　　　　　　042
ドーント・ブックス・マリルボーン［ロンドン, イギリス］

ＳＦ映画に入り込んだ気分で本を楽しむ　　　　　　　　048
ラスト・ブックストア［ロサンゼルス, アメリカ］

本と人が集まる駅舎は、旅情あふれる本屋さん　　　　　054
バーター・ブックス［アニック, イギリス］

エーゲ海の島、作家を育む本の楽園　　　　　　　　　　060
アトランティス・ブックス［サントリーニ, ギリシャ］

グリーンに囲まれて、本と人が集う家　　　　　　　　　066
カフェブレリア・エル・ペンドゥロ［メキシコシティ, メキシコ］

装丁・デザイン　BANG! Design, inc.
写真　Stefano Candito, Laetitia Benat
印刷・製本　図書印刷

太陽のもと、本に親しむさわやかな時間　　　　　　　　072
ポルア書店［メキシコシティ, メキシコ］

パリ左岸、英語書店の終わらないドラマ　　　　　　　　078
シェイクスピア・アンド・カンパニー［パリ, フランス］

ワインバー兼書店でパリらしい夕べを　　　　　　　　　084
ラ・ベル・オルタンス［パリ, フランス］

チュイルリー公園で植物や庭の本に親しむ　　　　　　　090
ジャルダン書店［パリ, フランス］

カフェも魅力、「文学の家」の小さな本屋さん　　　　　096
ターナム・リテラチュールヒューセット［オスロ, ノルウェー］

選書にもセンスが光る黒一色のデザイン書店　　　　　　102
メンド［アムステルダム, オランダ］

多彩な文化が集合、大人のためのブックカフェ　　　　　108
トランケバル［コペンハーゲン, デンマーク］

パッサージュの古本屋さんでパリの歴史を探訪　　　　　114
ジュソーム書店［パリ, フランス］

フィレンツェの老舗で文化遺産の本に出会う　　　　　　120
ゴネッリ古書店［フィレンツェ, イタリア］

あとがき　　　　　　　　　　　　　　　　　　　　　　126

Recommendation　　　　　　　　　　　　　　　　　　127

El Ateneo
Grand Splendid

エル・アテネオ・グランド・スプレンディッド

Buenos Aires
Argentina

ブエノスアイレス
アルゼンチン

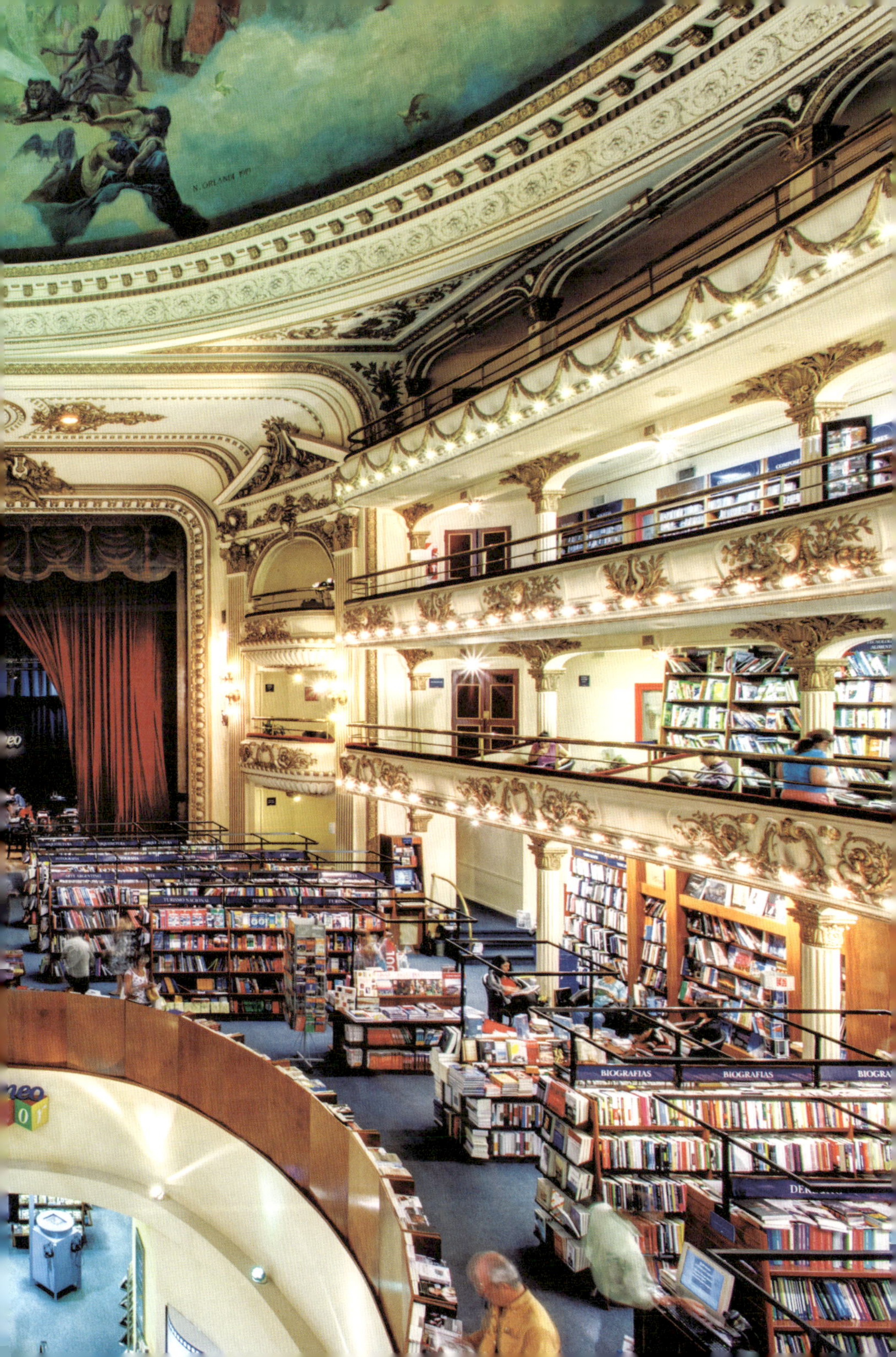
BIOGRAFIAS
BIOGRAFIAS

かつての舞台がカフェに。カーテンの向こうには、観客席にかわって、無数の本棚が置かれています。

20世紀初頭にすでに冷暖房を備えていた劇場は、昔から文化の殿堂でした。象牙色の壁に金の装飾が見事。

ボックス席の椅子は大人気。興味がある本を山積みにして、何時間も読みふける人たちの姿も。

レジはかつての劇場受付です。本を買うときも優雅な気分。

にぎやかなサンタフェ通りに面し、パリのオスマン建築を思わせる白い建物。

南米のパリに花開いた豪華な本の劇場

20世紀の偉大な作家ボルヘスを生んだ国アルゼンチンは、南米の中で一番の読書国といわれ、年間10万冊もの本が出版されています。国外で出版されたスペイン語の本もよく読まれていて、首都ブエノスアイレスの街を歩くと、大小さまざまな本屋さんの数の多さに驚かされます。

そんな街の人たちが「ブエノスアイレスの宝」と自慢するのが、この国でいちばん大きな本屋さん、「エル・アテネオ・グランド・スプレンディッド」。20世紀初頭の劇場を大胆に生かした建築が圧巻です。伝説的なタンゴ歌手たちがこぞって公演した歴史を持ち、今もどこかからタンゴの調べが聞こえてきそう。そして、一階席にもバルコニーにも本棚が並び、ありとあらゆるジャンルの35万冊もの本が一堂に会しています。ボックス席にはゆったりとした肘掛け椅子やソファが置かれ、地元の人たちが本を山積みにして読みふける光景も見られます。

重厚な赤のベルベットのカーテンに縁どられた舞台はカフェになっています。おいしいコーヒーと手作りケーキをいただきながら、美しい劇場の観客席に整然と並ぶ本をうっとりと眺める。これは、「南米のパリ」と言われるブエノスアイレスでもいちばん優雅な時間の過ごし方かもしれません。アルゼンチンの歴史と文化の薫りを堪能できるドラマチックな場所です。

店長 アンドレア・ステファノニ

ここは世界一美しい本屋。世界中に知られていて、一般の旅行客も、作家も大統領も、アルゼンチンを訪れる人はだれもが足を運んでくれますから、店長の私も店員たちも、みんな誇りと緊張感を持って仕事をしています。

アルゼンチンの人たちは読書好きで、バスや地下鉄の中でもみんな本を読んでいます。そして、スーパーマーケットでも本を売っている一部の国とは違って、本は本屋で買うものと決まっています。ボルヘスの本を、トマトと一緒に売るべきではないでしょう。そして、ここは私にとって、家のような場所。私は作家としても活動していて、作品の題材も、この本屋の日常から生まれます。

El Ateneo Grand Splendid
Av Santa Fe 1860, Buenos Aires, Argentina
tel: +54 11 4813 6052/ 4811 6104
www.elateneo.com
librerias@tematika.com
月〜木 9:00 〜 22:00 ／金・土 9:00 〜深夜 0:00 ／日 12:00 〜 22:00
無休

鉄道 Retiro 駅からタクシー8分。
おしゃれな店が立ち並ぶサンタフェ通りにある。

Livraria Lello

レロ書店

Porto
Portugal

ポルト
ポルトガル

British Silver
CÓDIGO MOURINHO
500 GUITARS
A definitive A - Z guide
100 ARTISTS
The Shotgun Handbook
Mike George
BUTTONS

天井のステンドグラスには、金槌を振り上げる鍛冶屋と、「労働に誇りを」というラテン語が刻まれています。

左:アールヌーボーの影響も色濃く見られる店内。右:店の中心にあるのが「天国への階段」。

無数の人たちが歩いて、歴史に磨かれた木の床。家具も100年以上変わっていません。

旧市街の坂道にある店。「芸術」と「科学」を象徴する2人の女性像、それに植物の模様が、白い壁を彩ります。

ヨーロッパ西端の港町、宝石のような老舗

ポルトガルの第二の都市ポルトは、歴史的建造物の並ぶ旧市街全体がユネスコの世界遺産に指定されています。「ポルトガルの宝石」とも呼ばれる甘くとろりと熟成させたポルト・ワインが有名ですが、もう一つの名物が、やはり時に磨かれた宝石のようなこの本屋さんです。

19世紀末創業のレロ書店。現在の建物は、フランス人技師グザヴィエ・エステーヴにより設計され、1906年に落成しました。ポルトガル中から作家やジャーナリスト、知識人たちが招かれてお披露目が行われ、ネオゴシック様式建築の美しさに称賛が寄せられたと記録されています。

木を丹念に彫り、草花と幾何学模様を組み合わせ、レースのような細かなモチーフを浮かび上がらせた装飾が見事。奥に細長い店の両側には、飴色になった木の棚が作りつけられていて、歩くときしむ床にも本が並べられています。書棚の間では、天蓋に縁どられ、ポルトガルの歴史的な文豪たちの胸像がお店を見守ります。そして、店の中心を大動脈のように貫くのが、「天国への階段」と呼ばれる真っ赤な階段。ここを昇っていくと、色鮮やかなステンドグラスから、ポルトの太陽の光が差し込みます。

イギリス人作家J・K・ローリングが1990年代初め、ポルトに住んでいた頃によくここを訪れ、「ハリー・ポッター」シリーズの構想を練ったとか。それもうなずける魔法のような空間です。

オーナー・店長 アンテーロ・ブラーガ

1994年、閉店の危機にあったこの書店に呼ばれて、2人のパートナーとともに新会社を設立し、オーナーになりました。経営のために、店の写真をあしらった石けんなどのオリジナル商品も売るようにし、また、ポルトガルの本屋としては初めてカフェも併設しました。書店の美しさは、働く人と訪れる人が作るもの。近年は、若手書店員の育成には特に力を入れてきました。今後、本の文化を存続させるためには、投資が必要。大学の文学部が、創作、出版業、書店業の3つの学科を設けるべきではないでしょうか。書店員は9人いますが、自分も率先してレジに立ちます。「文化は貧困の同義語になってはならない」がモットーです。

Livraria Lello
Rua das Carmelitas 144, 4050-161 Porto, Portugal
tel: +351 22 220 2037
月〜金 10:00 〜 19:30／土 10:00 〜 19:00
日祝休

ポルトガルの歴史を描く1930年代のタイルで有名な
サン・ベント駅から、徒歩6分。

Selexyz
Dominicanen

セレクシス・ドミニカネン

Maastricht
the Netherlands

マーストリヒト
オランダ

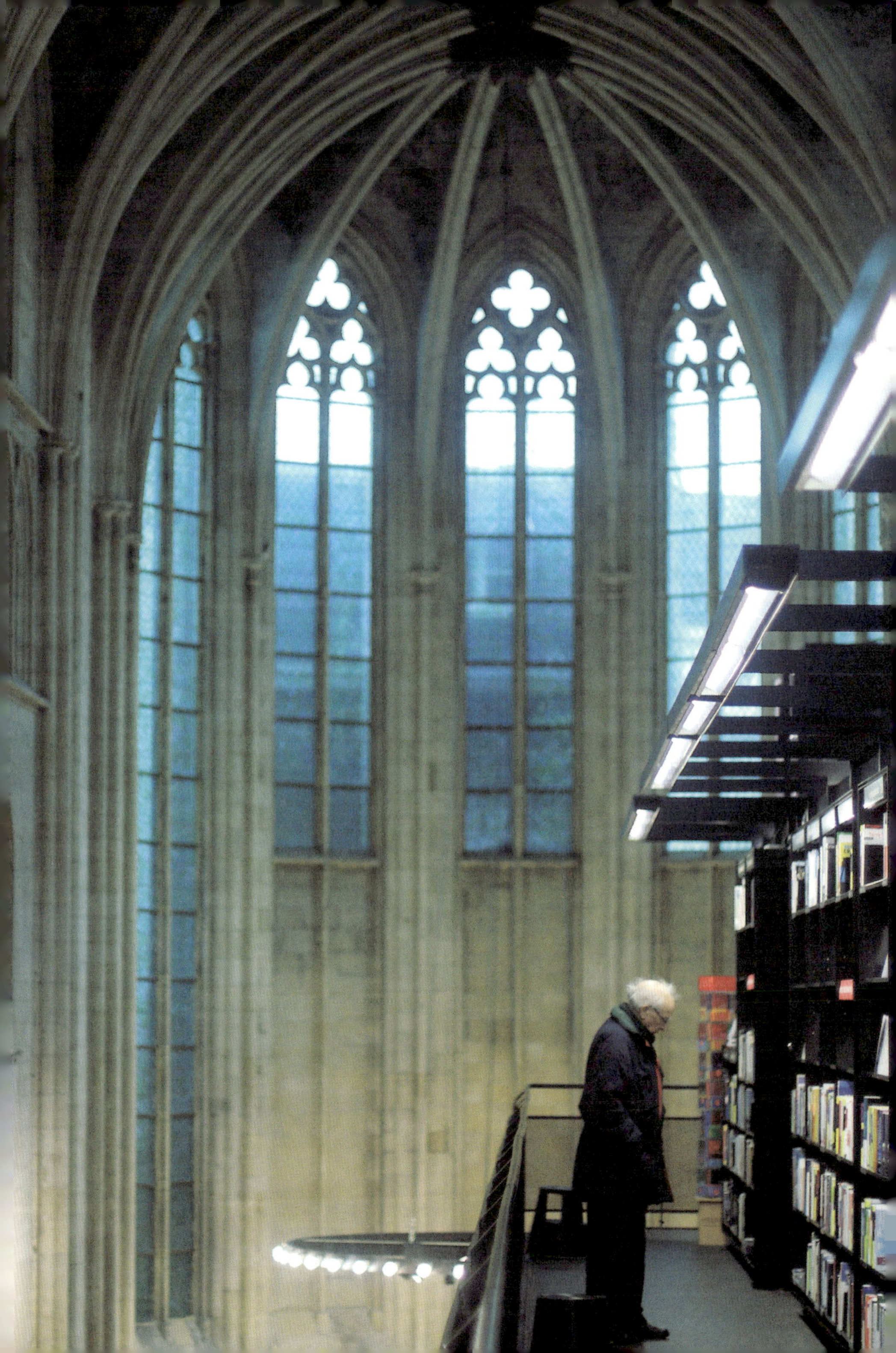

教会建築が書店に生まれ変わる際、修復された天井画。

教会の奥の正面がカフェ。かつて祭壇があった場所に、コーヒーの香りが漂います。

オランダで出版される新刊書はほとんどすべて置いている総合書店です。

左:マーストリヒト大学の学生や先生も多く訪れます。右:広場に面した教会の中が本屋さん。

カフェの手前は、注目の新刊が並ぶコーナー。

荘厳なゴシック教会に生まれた本の神殿

オランダの小さな古都マーストリヒトに、13世紀末のゴシック教会に設けられた本屋さん、セレクシス・ドメニカネンがあります。

空に向かって高く伸びる教会の空間を生かし、フレスコ画に彩られた高い天井の下、5万冊の本が整然と並びます。入って右側半分には3階建ての「歩いて昇れる本棚」を設けました。専門書の棚がある最上階まで行くと、美しい天井画を間近に眺めることができます。シンプルな黒の書棚を埋めつくすオランダ語の本が、どれも特別な本に見えます。

教会の一番奥は、十字架型のテーブルのあるカフェ。かつては祭壇が置かれていた場所で、バリスタが淹れる本格的なイタリアン・コーヒーが味わえます。

イギリスの「ガーディアン」紙が「世界で最も美しい書店10選」の冒頭にここを掲げて「天国で作られた書店」と評してからというもの、年間80万人が訪れる名所になりました。でもその素顔は、地元の市民や学生たちに最も親しまれる町の本屋さん。日曜日ごとに開かれるブックイベントには、テーマによってさまざまな本好きたちが集まります。

ベルギーやドイツ国境にも近く、かつてはナポレオンに占領されてフランス領だったこともある町マーストリヒト。ヨーロッパの交差点に位置する本の神殿は、本屋さん好きなら見逃せない巡礼の地です。

店長 トン・ハルメス

この教会は、マーストリヒト市民にとって特別な場所。かつては毎年、子どもカーニバルが開かれていました。男の子と女の子が輪になってダンスをし、好きな子にキスをするという地元伝統のお祭りです。書店が2006年にオープンしたとき、オランダ内外からこの町の出身者が集まり、「僕はあそこの柱のあたりだった」とか、みんなもっぱらファーストキスの思い出話に花を咲かせていました。私のファーストキスですか？ もちろんこの教会で、12歳のときでした。でも、その女の子とは結婚しませんでしたよ。

今では一年中、だれでも中に入れて、本を見たり、カフェでくつろいだり、すてきな時間を過ごすことができます。

Selexyz Dominicanen
Dominikanerkerkstraat 1, 6211 CZ Maastricht, the Netherlands
tel: +31 43 321 08 25 fax: +31 43 325 81 44
www.selexyz.nl
dominicanen@selexyz.nl
月 10:00～18:00／火・水 9:00～18:00／木 9:00～21:00／金・土 9:00～18:00／日 12:00～17:00　一部の祝休

Maastricht, Helmstraat バス停から徒歩1分。
さまざまなお店が集まる旧市街の一角です。

Cook & Book

**Brussels
Belgium**

ブリュッセル
ベルギー

クック&ブック

Chronique
2010
NOS PLUS BELLES ANNÉES
VOYAGE EN GAULE
Le pilleur

左:本のほか、きれいなパッケージの食材も置かれています。右:キャンベル缶を使ったポップな照明がアクセント。

朝食から、ディナーやお酒も楽しめるカフェ・レストラン。壁の棚にはお勧めの本を陳列しています。

左：美術書の売り場は、ビジュアル本も充実。右：子ども部屋のような2階建ての児童書コーナー。

フィアット車チンクエチェントが目印の料理本コーナー「クチーナ」。

音楽関連の書籍とCDの売り場。ピアノが置かれていて、ミニコンサートも開かれます。

左:マンガのコーナーは、日本人作家の作品も。右:「自由時間広場」に面したお店の入り口。

「自由時間広場」で本と食を堪能

ベルギー、ブリュッセルの郊外にあるクック・アンド・ブックは、ポップなインテリアに彩られた5つのカフェやレストランを持つユニークなお店。細長く延びる店内には、これら飲食コーナーと、9つの本売り場が交互に配置されています。

オーナー夫妻のセドリックとデボラは、「レストランを備えた書店を開きたい」という夢をかなえて本屋さんに転身。店の設計も内装デザインも、すべて彼らの手で行いました。

なかでも自慢なのは、天井から本がぶらさがるインスタレーションが印象的な文芸書コーナーです。棚に並ぶのは、ベルギーの現代文学を中心として元文芸批評家がセレクトする本格的なラインナップですが、同じ部屋のテーブルでは、地元のマダムたちがランチとおしゃべりを楽しんでいます。

また、玄関には、「マンガ」と大きくカタカナで書いてあります。国内外のバンドデシネ（コミック）を充実の品揃えで扱います。バンドデシネが「第七の芸術」と呼ばれ、文化として成熟しているベルギーならではの店構えといえるでしょう。

店の前は、「自由時間広場」と名付けられた広場。夏場は野外コンサートや映画の上映会も開かれます。ある時はひとりで本を選びに、またある時は友だちと本格的なイタリア料理を味わいに。さまざまな楽しみが見つかるお店です。

共同オーナー・店長　デボラ・ドリオン

「ネット時代の人々を外に連れ出し、驚きを与えたい」と思って始めたお店です。家具や小物は妥協しないで選びました。パリで買ったシャンデリアや、夫のセドリックの昔の愛車チンクエチェントなどを店の装飾に使い、コーナーごとに個性を出しています。その方が、どんな趣味の人でもお気に入りの場所を見つけてもらえるでしょう。それに、レストランの料理も、書店のセレクトも、クオリティを重視しています。

私は元弁護士ですが、店でレジ打ちもやります。週末もなく毎日午前8時から午後8時半までここで働いていますが、毎日が刺激的で飽きることはありません。

Cook & Book
Place du Temps Libre 1, 1200 Sint-Lambrecht-Woluwe, Belgium
tel : +32 2 761 26 00　fax : +32 2 761 26 09
www.cookandbook.be
deborah@cookandbook.com
月〜日 8 :00 〜 0:00　一部祝休

ブリュッセル西駅から地下鉄1番線に乗り、
Roodebeek 駅下車、徒歩3分。

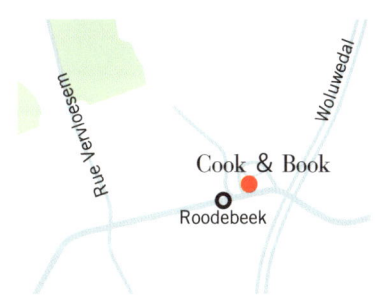

Tropismes
Libraires

トロピスム書店

Brussels
Belgium

ブリュッセル
ベルギー

LITTERATURE FRANÇAISE

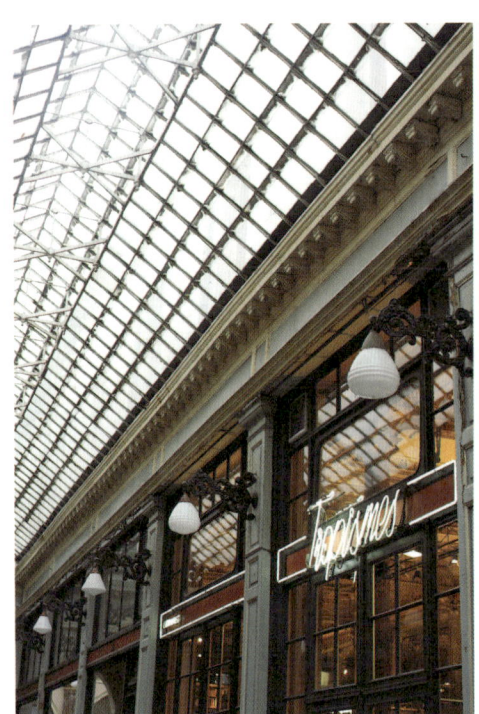

左：ガラスのアーケードの中で、堂々とした店構えの本屋さん。右：静寂の漂う店内。

売り場面積が足りなくなって設けられた中2階。アート系の書籍や写真集も充実しています。

もとはダンスホールとして建てられたという店。1960年代にはジャズクラブ「ブルーノート」がありました。

1. 天井の見事な装飾。
2. 書棚の合間に設けられた読書コーナー。
3. 外国文学も充実。
4. 無造作に置かれたラグ。
5. 時間をかけて本を選ぶお客さんが目立ちます。

優雅なアーケードを彩る本の万華鏡

ブリュッセルの中心にあるギャルリー・サンチュベールは、鉄骨にガラス張りの天井が美しいアーケード。格調高くエレガントな雰囲気が有名です。1847年落成、ヨーロッパに現存する最古のアーケード建築としても知られています。ここでアンティークショップや老舗のカフェ、チョコレート店と並んで店を構えるのが、トロピスム書店。「反射作用」を意味する店名の通り、鏡張りになった壁に店名のネオンや壁のタイルが何重にも映りこむ建築が見事です。

ブリュッセルの読書家たちが心酔するこのお店。人気の理由はシンプルで、広く美しい空間に良質の本をそろえていることです。1984年の開店以来、大学の先生や学生、それに教養層にも大きな信頼を得てきました。新刊書だけではなく、古典をはじめとする既刊書を充実させているのが特徴で、文学や哲学のコーナーは特に充実。フランス語の本が基本ですが、英語の本も置いています。ほかの売り場も専門の書店員さんによる丹念なセレクトに定評があり、絵本コーナーは足しげく通う大人も多い場所。地下の推理小説コーナーにはサービスのコーヒーが常備され、店内のあちこちに椅子が置かれているのでじっくりと本が選べます。

地元の人たちに混ざって、落ち着いた雰囲気の店内でゆっくり本を眺める。そんな静かなひとときを堪能できる、大人のための知的な本屋さんです。

共同オーナー・店長 ブリジッド・ド・メウス

ブリュッセル郊外で書店を経営していたのですが、「文化遺産」と呼ぶべき既刊書を充実させた店を開きたいと思うようになり、仲間とともに実現させました。顧客の多くは熱心な読書家です。私が誇りにしているのは、長年この店で働き、それぞれ担当するコーナーの本を知りつくしている書店員たち。本のセレクトの基準は、「自分たちの好奇心、情熱を分かち合えること」です。アマゾンが、本を買うことに対する消費者の考えを変えてしまったことは間違いありません。だからこそ、書店員の役割はとても重要になってきています。

Tropismes Libraires
11, Galerie des Princes, Galeries royales Saint-Hubert,
Brussels, Belgium
tel : +32 2 512 88 53   fax : +32 2 514 48 25
www.tropismes.com
info@tropismes.com

月 13 :30 〜 18:30 ／火〜木 10 :00 〜 18 :30 ／金 10 :00 〜 19 :30
／土 10 :30 〜 19 :00 ／日 13 :30 〜 18 :30   一部の祝休

地下鉄 De Brouckere 駅から徒歩4分。
有名な大広場、グラン・プラスのそば。

Libreria
Palazzo Roberti

パラッツォ・ロベルティ書店

Bassano
del Grappa
Italy

バッサーノ・デル・グラッパ
イタリア

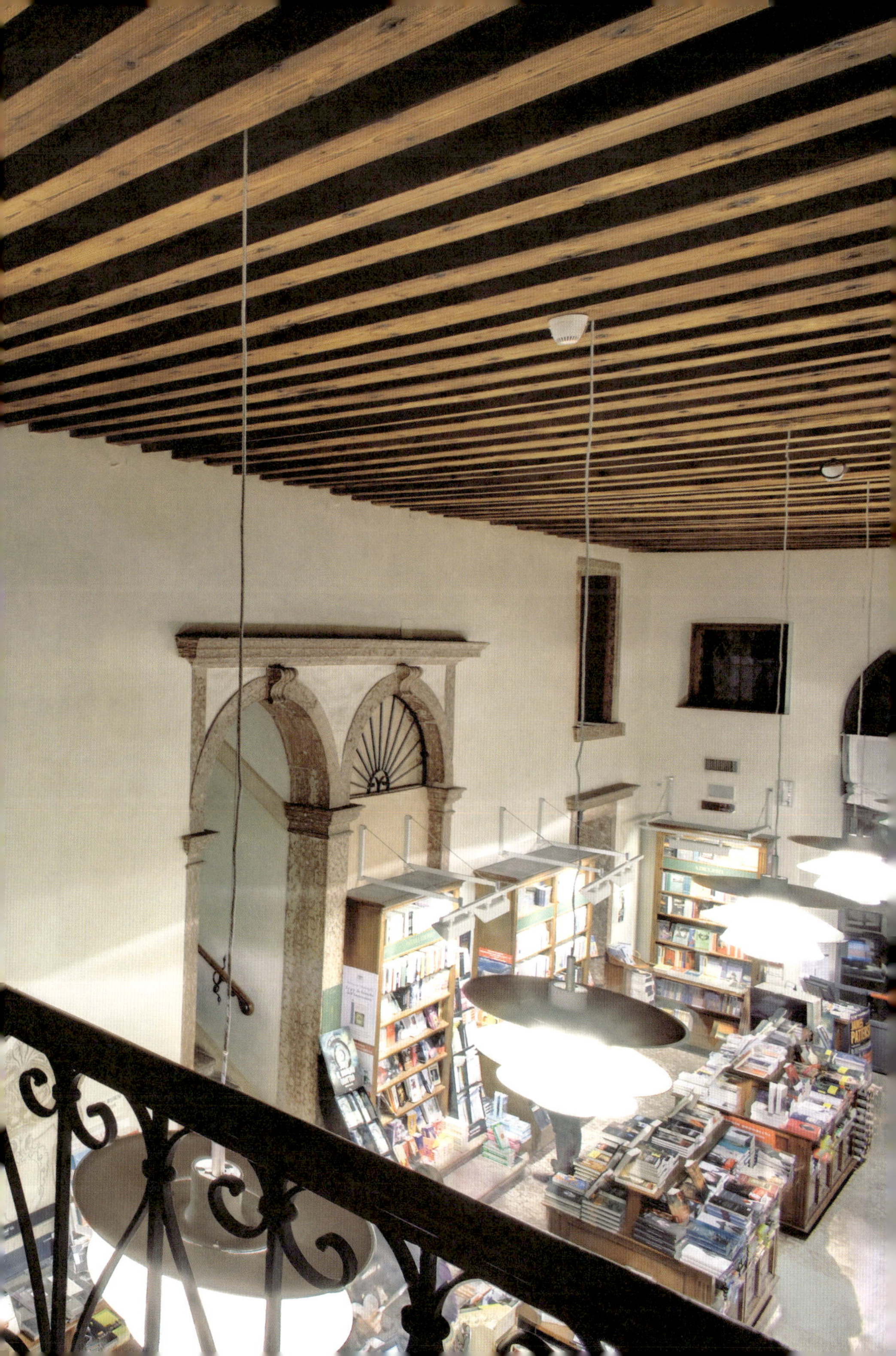

17世紀の貴族の邸宅を修復し、本屋さんを作りました。1階は、木のレジカウンターが中心にある広い売り場。

店で特に評判の児童書コーナー。「本は人生の友だち」と店員さんは語ります。

左:石と木が調和する美しい建築。右:階段を昇ると、3階のイベント会場へ。

ブック・イベントに招かれた作家が、打ち合わせや休憩に使う部屋。

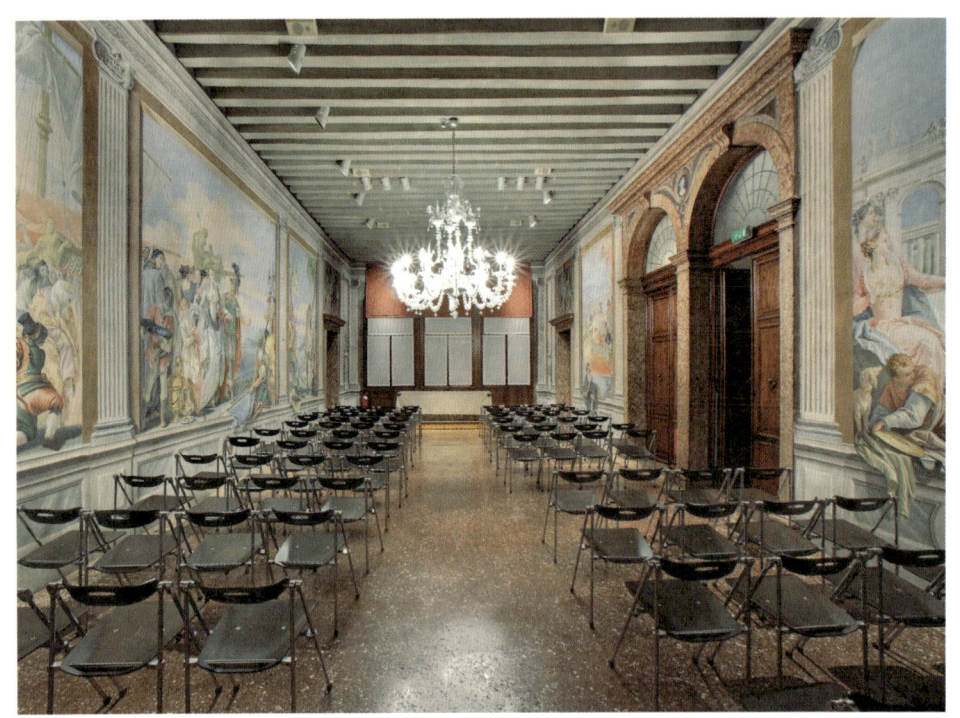

フレスコ画とシャンデリアがまばゆいサロン。町の公民館のような役割を果たしているイベント会場です。

広大な庭から堂々とした館をのぞむ。

三姉妹の手でよみがえった17世紀の本の館

蒸留酒のグラッパと、春に収穫されるホワイト・アスパラガスの産地として知られるバッサーノ・デル・グラッパ。この町のパラッツォ・ロベルティ書店には、「お金持ちのパパが貴族のお屋敷を買ったばっかりに、3人の美しい娘たちが本屋を開くことを運命づけられた」というおとぎばなしのような逸話があります。1990年、世界的な三脚メーカー、マンフロットのオーナーである父親が、旧市街で小さな書店の入った歴史建築を買いました。登記手続きのために行われた調査の結果、「館では17世紀から公爵夫人が文学サロンを開いていた」と判明。そこで町役場は、新しくオーナーになったマンフロット家に、書店を存続するよう命じたのです。

マンフロット家の夫妻と3人の娘はこの運命を受け入れ、家族総出で準備を始めました。本屋になることなど夢にも思っていなかった家族を代表し、18歳だった末娘のヴェロニカさんはロンドンに渡り、老舗書店ハチャーズで修業を積みます。館の購入から8年後、ヴェロニカさんとふたりの姉たちが共同店長となり、館全体を本屋さんとして再生させました。

やがて近郊からもお客さんを集めるようになり、今ではいつもレジに行列ができる人気ぶり。最上階の美しいサロンでは、出版記念の講演会からコンサートまで、さまざまなイベントが行われています。三姉妹の手で現代のバッサーノによみがえった公爵夫人の文学サロンに、今日もたくさんの人が集います。

共同オーナー・店長 ヴェロニカ・マンフロット

特に読書好きでもなかったし、本屋になんてなりたくなかったんです。でも、私が18歳の時、父がこの建物を買ったのは、運命でした。うちはいわゆる町の本屋なので、学生さんも、市場のおじさんも、赤ちゃん連れも、ありとあらゆる人たちがやってきます。週末はいつも、パパやママと一緒に本を選ぶ子どもたちで、たいへんなにぎわいになります。

私は今でも、そんなにたくさんは本を読みません。でもブック・イベントで著者を招いたとき、一緒にディナーに行くのは楽しみです。本を書いた人たちはいろんな体験をして、いろんなことを考えているもの。そんな人と話をするのは面白いですから。

Libreria Palazzo Roberti
Via Jacobo da Ponte, 34, 36061 Bassano del Grappa, Italy
tel: +39 0424 522537   fax: +39 0424 524792
www.palazzoroberti.it
info@palazzoroberti.it
火～土 9:00～12:30、15:30～19:30
6月～8月以外の日 10:30～12:30、15:30～19:30 月、6月～8月の日休

ヴェネチアの Venezia Santa Lucia 駅から直行列車がある、Bassano del Grappa 駅から徒歩14分。

Daunt Books
Marylebone

ドーント・ブックス・マリルボーン

London
UK

イギリス

MAPS

HOLLAND
BELGIUM
GERMANY
AUSTRIA
SWITZERLAND
SPAIN
PORTUGAL

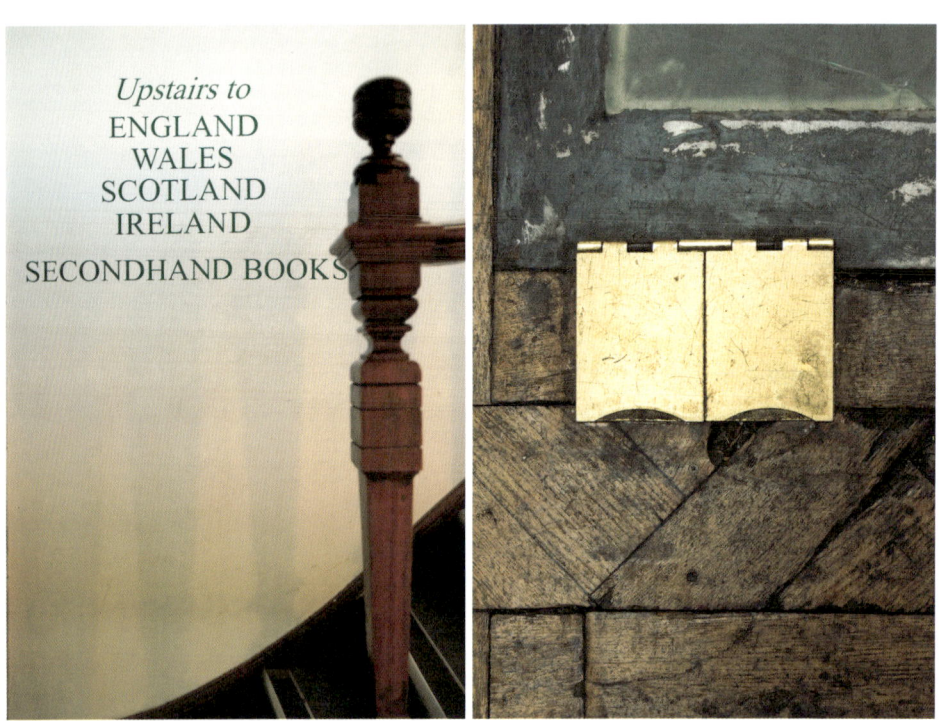

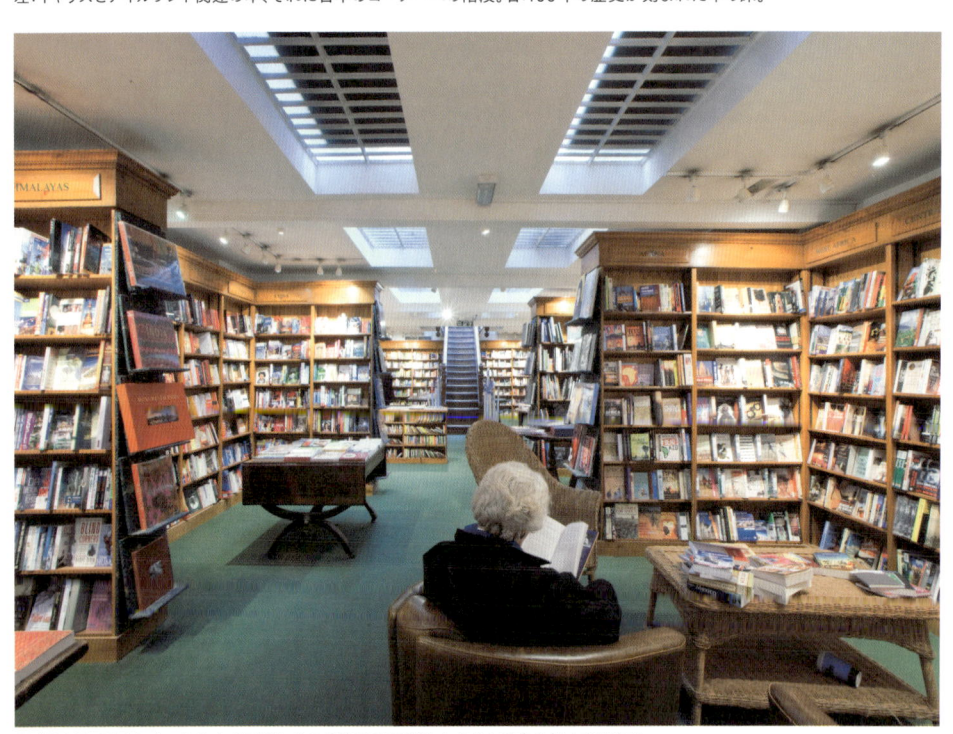

左:イギリスとアイルランド関連の本、それに古本のコーナーへの階段。右:100年の歴史が刻まれた木の床。

アジアやアフリカにまつわる本が国別にそろう地下の売り場。もちろん日本の棚もあります。

芸術と子どもの本のコーナー。深緑色のウィリアム・モリスのテキスタイルが、テーブルに張られています。

左:大人気のブックトート。右:数多くの人が歩いてすり減った木の階段。

深い緑色がトレードマーク。古めかしいウィンドウに、店が勧める新刊書をディスプレーしています。

ロンドンで最も愛される美しい書店

すてきなお店が軒を連ねるマリルボーン・ハイ・ストリート。深い緑色の看板が、ドーント・ブックスの目印です。本が大好きなロンドナーたちにとって、ここは店の雰囲気も品ぞろえも理想の本屋さん。お店のブックトートを持って町を歩く人の姿を見かけない日はないくらいの人気ぶりです。

1910年に書店として建てられたエドワード朝の建築は、オーク材の手すりのあるギャラリーと書棚に、ロンドンの気まぐれな太陽の光が天窓から差し込みます。棚やテーブルをウィリアム・モリスのテキスタイルが彩り、いつも新鮮な花が活けられています。

クラシカルな店構えですが、本の見せ方は斬新。一部を除いて、ジャンル別ではなく国別に並べているため、店内をまわれば世界一周ができるという仕掛けです。たとえばフランスの棚なら、パリのガイドブックや写真集、フランス人作家の小説、フランス料理の本など。新刊を優先するのではなく、本の質を重視して品ぞろえを決めるというポリシーもユニークな品揃えに貢献しています。加えて、本に詳しく、控えめかつ親切な店員さんもこの店の人気の秘訣です。

あちこちにひじ掛け椅子があり、すべてが完ぺきにしつらえられた店内。静けさと本に囲まれて、いくらでも長居がしたくなります。

店長 ブレット・ウォルステンクロフト

オーナーのジェームズ・ドーントとは、ケンブリッジ大学の同級生でした。学生の頃、ふたりで中東を旅することを決め、出発前に読んでおくべき本を買うため、ストック数の多い大型書店に行きました。本好きのふたりですから、旅行書だけでなく小説、伝記、歴史、建築まで、現地に関するさまざまな本を買いあさったのですが、階段を昇り降りしながらいろんな売り場をまわってくたくたになりました。「こんな本屋があったらいいな」というそのときの思いから生まれたのが、ドーント・ブックスです。銀行に就職するはずだったのに、本に呪われて人生が狂ってしまった、というわけです。

Daunt Books Marylebone
83 Marylebone High Street London W1U 4QW, UK
tel: +44 20 7224 2295
www.dauntbooks.co.uk
marylebone@dauntbooks.co.uk
月〜土 9:00〜19:30／日 11:00〜18:00
一部の祝休

地下鉄 Baker Street 駅から徒歩6分。
マリルボーン・ハイストリートのなかほどにある。

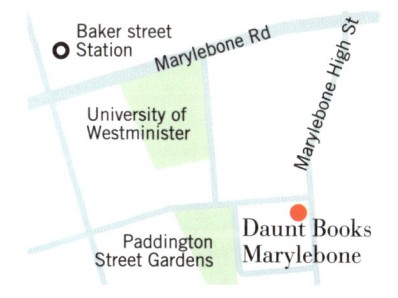

The Last Bookstore

ラスト・ブックストア

Los Angeles
USA

ロサンゼルス,
アメリカ

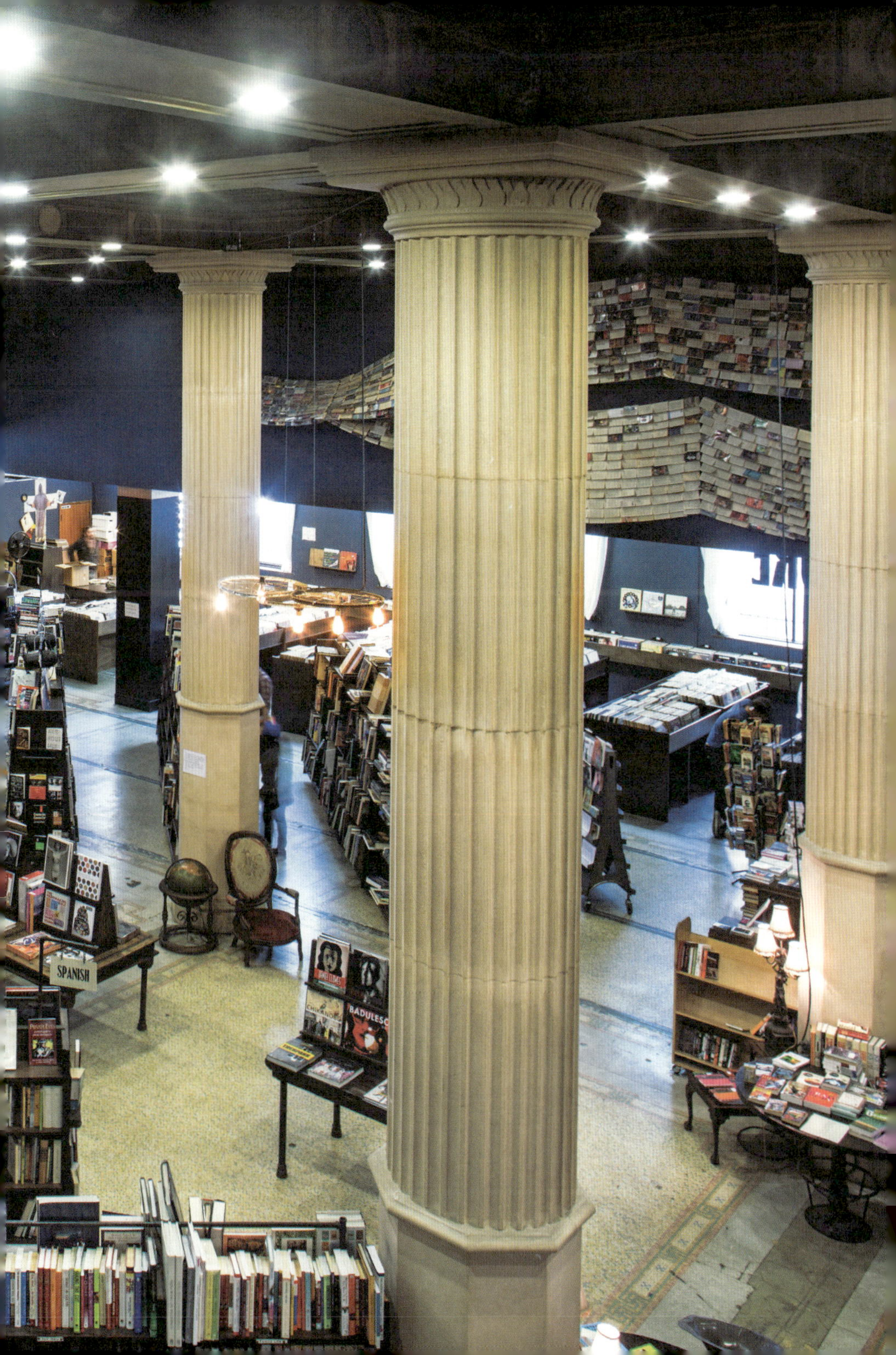
SPANISH

窓辺に設けられた哲学書のコーナー。思索とともに、本が空間を舞います。

中2階の入口には、作家の書斎を思わせるインスタレーション。

050

ユニークな書棚はすべて、オーナーや書店員の手作り。

本でできた暗いトンネル。ミステリアスな演出です。

店はスプリング・ストリートの銀行をリノベーションした建物。「ファイナスの宮殿」と呼ばれていました。

ＳＦ映画に入り込んだ気分で本を楽しむ

店があるのは20世紀初め、かつて「西部のウォールストリート」と呼ばれたこの地区に軒を連ねていた元銀行の建物です。歴史建築をリノベーションし、まるで映画のタイトルのようにインパクトのある名前の本屋さんに生まれ変わりました。至るところに撮影セットを思わせる仕掛けが散りばめられています。
まず一歩足を踏み入れると目に入るのは、高い天井を大理石の円柱が支える空間。60年代のSF映画に登場する機械のような本棚が並び、ビンテージの椅子が置かれています。広々とした1階の売り場と対照的に、中2階は、見渡しのきかない迷宮のような場所。入口は作家の書斎を思わせるコーナーで、本やタイプライターの原稿が、ゆがんだ時空間を飛び交います。その奥に広がる1ドル均一の古書コーナーでは、掘り出し物を求めて、何時間でも宝探しに没頭できそうです。曲線や不規則な幾何学系で構成された本棚の間を進んでいくと、本のトンネルが出現し、その奥は、銀行時代の遺産である金庫室。薄暗く、宇宙船の操縦室のように演出された部屋です。厚い鉄の壁の金庫の中には、札束の代わりにSFのペーパーバックがぎっしりと詰まっています。
公民館のように数々のコミュニティー・イベントの会場としても使われ、地元では「ロサンゼルスのダウンタウンに黄金時代を呼び戻した」と称賛される本屋さん。娯楽産業の世界都市にふさわしく、ドラマチックな体験ができるお店です。

オーナー ジョッシュ・スペンサー

僕は本が大好き。本屋の美しさは、「本をどんな背景や額縁で見せるか」を考えることから生まれます。本屋をやるからには、とびきりすばらしい店にしたかったんです。持っていた想像力と貯金を、すべて使い果たしましたけど。
ここは僕の店ではなく、みんなの店です。かつてはネット書店を経営していたのですが、実店舗になるとお客さんは年齢層も改装も幅広くなり、1ドルの古本で真剣に悩む人も、どんな本でも値段を見ないで買う人もいらっしゃいます。僕が何よりも大切にしているのは、すべてのお客さんと友達になること。家に招くのと同じように、いい時間をここで過ごしてもらうことに心をくだきます。

The Last Bookstore
453 S Spring Street, Los Angeles, California 90013, USA
tel : +1 213 488 0599
http://lastbookstorela.com/
月〜木 10:00 〜 22:00 ／金・土 10:00 〜 23:00 ／日 9:00 〜 21:00
感謝祭、12月25日、1月1日休

ギャラリーが集まる通り、通称「ギャラリー・ロー」にある。
地下鉄 Pershing Square Station から徒歩5分。

Barter Books

Alnwick
UK

バーター・ブックス

アニック
イギリス

FIRST EDITIONS

旧駅舎に誕生した本屋さん。書棚の上を、おもちゃの電車が音を立てて走り続けます。

かつての駅の待合室は、カフェに変身。暖炉の前で紅茶とスコーンを味わいながら、読書が楽しめます。

店は1991年、この一室だけでスタートしました。今ではおちゃめな子ども本コーナーです。

まるでホームから列車に乗り込むように、書棚の間に入っていけば、読書という心の旅の始まりです。

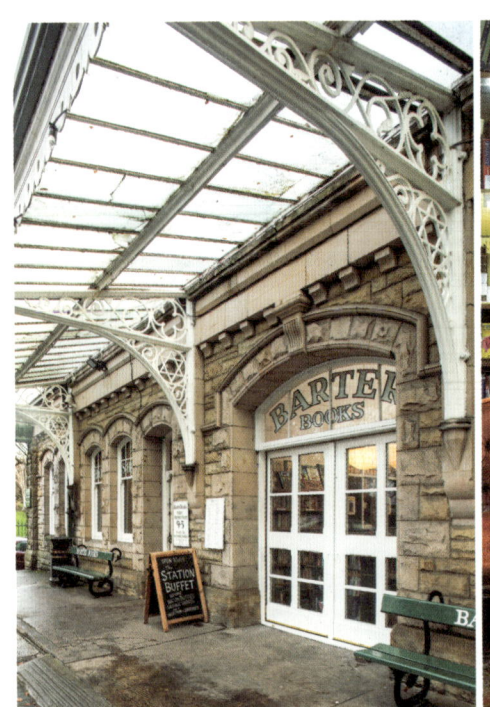

左：ベンチが並び、ここが駅前だった頃を思わせる店先。右：希少書コーナーは、貴賓室のよう。

どこからも全貌が見渡せられないほど広大な駅舎。そのうちの750平米が本屋さんとして使われています。

本と人が集まる駅舎は、旅情あふれる本屋さん

イングランドの北の端にあるアニックは、紀元前6世紀まで歴史をさかのぼる小さな町。旧アニック駅は、かつて世界最大の鉄道網だったノース・イースタン・レイルウェイの主要駅で、ロンドンとエジンバラを結ぶ交通の要所として栄えました。往時は階級別の待合室の暖炉に赤々と火が燃え、数多くの人たちがこの駅を利用しました。

1968年、路線の整理で駅は廃駅になりました。その一角で鉄道模型のセットを作る工場を経営していたのが、鉄道好きのイギリス人男性スチュアートさん。彼がアメリカ旅行帰りのフライトで、読書に没頭するアメリカ人女性のメアリーさんに一目ぼれしたところから、物語が始まります。

2人はやがて結ばれ、メアリーさんは駅舎の一角で小さな古本屋さんを開きました。店名の「バーター（交換）」は、本を持ち込むと、その価値に応じた本を持ち帰れることに由来します（もちろんお金で本を買うこともできます）。やがてスチュアートさんも工場を閉めて書店経営に参加。売り上げが出るたびに駅舎の奥へと店を広げ、書棚の上にはメアリーさんの愛読書の一節を書き、地元の画家に発注して駅舎の歴史や文学史を物語る絵を壁に描きました。今では35万冊の本が置かれ、年間20万人が訪れるお店に成長しました。

オーナー夫妻の次なる夢は、この駅舎に再び鉄道を誘致し、本物の「本の駅」を実現することです。

共同オーナー・店長　メアリー・マンリー

この本屋には、すべての階級の人たちが、さまざまな場所から集まってきます。こうして、昔の駅の風景がよみがえりました。駅は常に、人々が待ち合わせをする場所で、だれもが幸せになれる場所ですから。私もスチュアートとこの駅のおかげで、本屋という天職に巡り会えました。

自分が行きたい本屋を思い浮かべたら、暖かくて、いくらでも長居をしながら本に浸れる場所でした。だから、最初の売上金は、迷わず暖炉の修理に使いました。私たちはこの店を愛情を込めて経営しています。店に来る人たちは、だれもが「居心地がいい」と言ってくれて、この場所が大好きになります。

Barter Books
Alnwick Station, Northumberland NE66 2NP, UK
tel: +44 1665 604888
www.barterbooks.co.uk
bb@barterbooks.co.uk
9:00〜19:00／冬季 9:00〜17:00（土 〜19:00）
12月25日休

ロンドンからエジンバラ行の電車で約3時間のAlnmouth駅から、
タクシーまたはバスで10分。

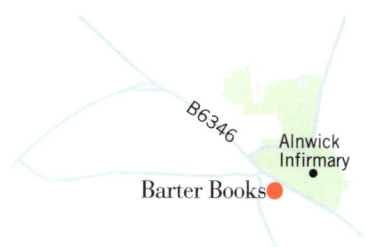

Atlantis Books

Santorini
Greece

アトランティス・ブックス

サントリーニ
ギリシャ

And I give you the sea and yet again the seas
tumultuous marble,
With Thor's thunder or taking his ease akimbo,
Lumbering torso, but finger-tips a marvel
Of surgeon's accuracy.

Don't eat the ART

英語の小説を集めた部屋。地元アーティスト手作りの照明がアクセントを添えています。

机の奥にあるのは「哲学の塔」と名付けられた哲学書の棚。カナダ人オーナーが手作りしました。

062

ドイツ語のコーナー。このほか、英語、ギリシャ語、フランス語、イタリア語、スペイン語の本を扱っています。

店員たちがお気に入りの本について書いたメモが、棚のあちこちに画鋲で止められています。

空も海もまじり気のないブルー。エーゲ海の絶景を堪能できるテラスです。

軒先に並ぶペーパーバックが店の目印。階段を降りると本売り場、昇るとテラスに出ます。

064

エーゲ海の島、作家を育む本の楽園

サントリーニ島の北端に位置するイアは、切り立った岸壁の上にある町。夕陽がエーゲ海に沈む絶景が知られています。目抜き通りを抜けたところ、白の洞窟のような建築の中にあるのが、アトランティス・ブックスです。かつてギリシャの哲学者プラトンが夢見た、海のかなたにあるという伝説の王国にちなんで名づけられました。

まぶしく照りつける太陽を逃れ、通りから階段を降りて店に入っていくと、ひんやりした空気が心地よい親密な空間。

英語、ギリシャ語をはじめとするさまざまな言語の本に囲まれ、若い男女が思い思いの場所に陣取って本を読みふけっています。彼らは、この店の書店員。世界中から、文学を志す若者たちがかわるがわる訪れては、店内にある手作りのベッドに無料で寝泊まりし、数週間をここで過ごします。店番をしながら読書に没頭し、海についての詩を作り、交代で休み時間を取って泳ぎに行く。そんな夢のような生活を送ってきた若者たちの名前が、店の天井にうずまき状に書かれていて、その円は広がり続けています。

店内を見終わったら、屋上のテラスに出て、店で飼われている猫たちと一緒に海を眺めたり、本を読んだりするのも心地よい時間。作家の卵でなくても、一生忘れられない思い出になるでしょう。

店員 パトリック・キャッシュ

オックスフォード大学で文学と創作を学びました。この店で働きながら島に滞在する期間は、休暇ではありません。ここは、作家がインスピレーションを得るための隠れ家。毎日書く作業を続ける規律が身につきました。

島の人は、「アトランティスで働いている」と言っただけで、買い物の会計をおまけしてくれるなど、とても優しくしてくれます。夕方ワインを持ってきて、一緒に飲みながら文学について話をする常連さんや、ディナーの後に来店した旅行客が、ほろ酔い気分で本を買って行くこともよくあります。ワインには、本が読みたくなる効果があるようです。

Atlantis Books
Nomikos Main Street, Oia, Santorini, Cycladeds,
TK84702 Greece
tel: +30 22860 72346
www.atlantisbooks.org
hello@atlantisbooks.org
月〜日 10:00 〜深夜 0:00　不定休

サントリーニ・ティラ空港からタクシー 26 分。
カフェやお店が並ぶ通りの端にある。

●Atlantis Books

Santrini Airport●

Librería
el Péndulo

カフェブレリア・エル・ペンドゥロ

Mexico City
Mexico

メキシコシティ
メキシコ

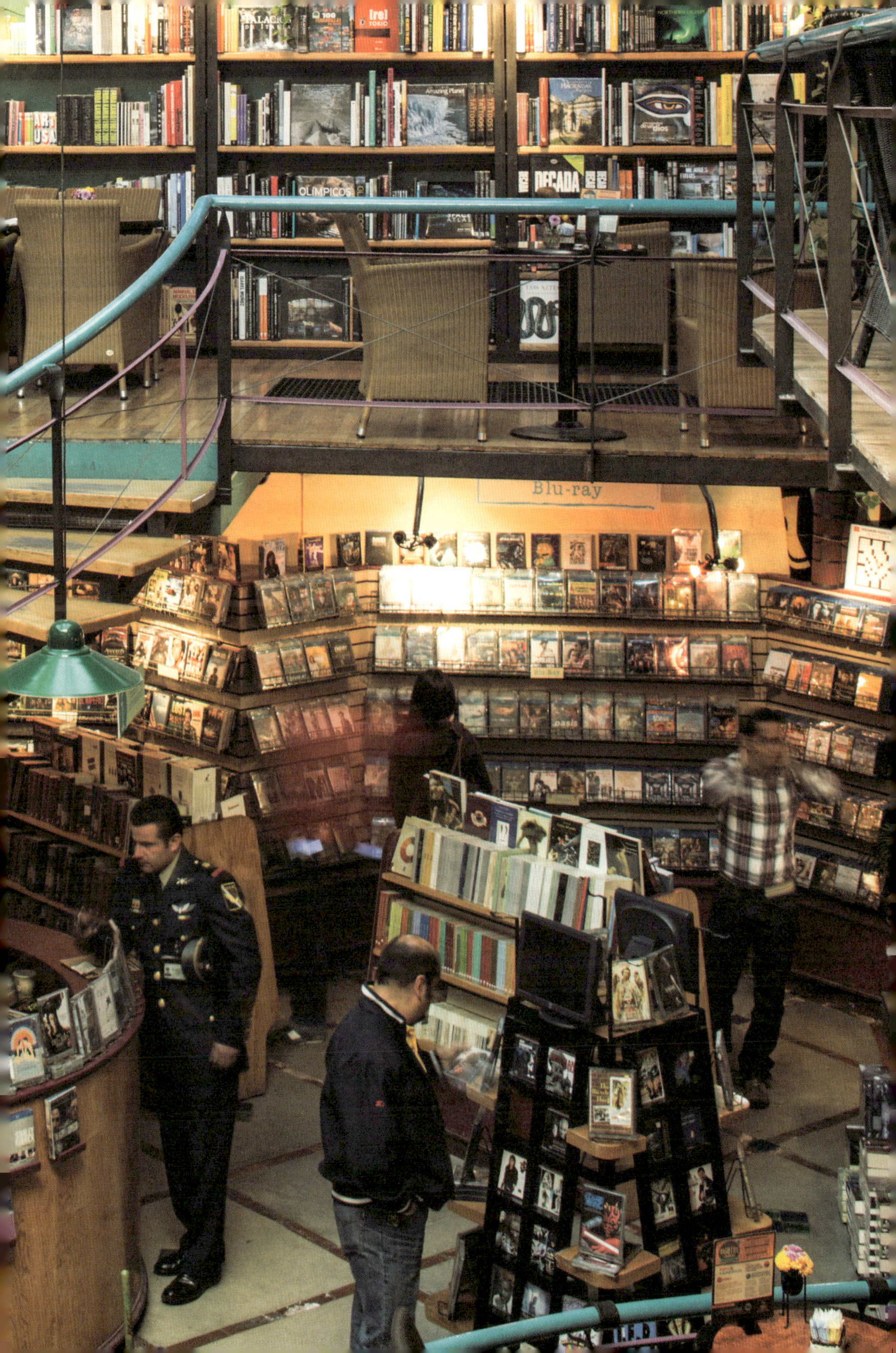
Blu-ray

ゆったりとソファが置かれた贅沢な空間。

一般住宅を改築して作られたお店。2階の部屋は応接間のような雰囲気です。

自然光を受けてポトスなどの植物が元気に育っています。緑のランプシェードも温室のよう。

かつて住宅だった頃の外壁を生かしたつくり。

アレクサンドル・デュマ通りに面したテラス席は、朝からにぎわっています。

グリーンに囲まれて、本と人が集う家

並木が美しいメキシコシティのポランコ地区。カフェと書店を融合させたこの店は、1940年代に建てられた家を改築しました。かつて中庭だった場所が大きな本売り場。天窓からの光を受けて、観葉植物がすくすくと育っています。「本が最も美しく見えるのは、自然光を受けるとき」と、店の設計を担当した建築家でもある共同オーナー、エドゥアルドさんは言います。

椅子やテーブルなどの家具はすべて、メキシコの普通の家庭で使われているものだとか。日常的な空間を演出し、居心地を良くするための工夫です。美しい本たちに囲まれてお茶をしたい、そんなお客さんたちの要望に応え、カフェと本売り場にははっきりした境界を引かず、店の全体にカフェのテーブルを配し、思い思いの場所で長居ができるようにしています。

カフェのメニューも家庭料理。朝食はペストリーの盛り合わせやフルーツ。ランチは、かつて店によく来ていた作家にちなんだ「モンシバイス風エンチラーダ」など。地元の人たちに交ざってカフェでメキシコ料理を味わえば、メキシコ人のお宅でおもてなしを受けているかのような気分になれます。

「ペンデュロ（振り子）」という店名には、「お客さんが行ったり来たり、何度も通ってきてくれる店になってほしい」という願いが込められています。家族連れから休憩中の警官まで、だれもがまた行きたくなる本屋さんです。

共同オーナー　エドゥアルド・アイゼンマン

私たちの店は、ストレスに満ちた現実からの避難場所であり、オアシスです。本屋には高貴さとともに、親しみやすさが必要。きちんと分類された図書館とは違い、ただふらふらと歩きまわれる本屋であれば、本の方から読むべき人に飛びついてきてくれる。つまり、この店は、人や本との出会いの場所なのです。そして、より高い次元にある自分自身にも出会うことができます。本屋は、日常とは切り離された安全な空間であり、動物的な本能を使える聖域なのです。

この店は、オープンに物を考え、想像力を豊かにするきっかけを提供している。そのことを誇りに思います。

Librería el Péndulo
Calle Alejandro Dumas 81, Miguel Hidalgo, Polanco,
11560 Ciudad de México, D.F., Mexico
+52 55 5280 4111
www.pendulo.com
info@pendulo.com

月〜金 8:00〜23:00／土日 9:00〜23:00　12月25日、1月1日休

大使館やホテルが多い瀟洒なエリア。
地下鉄 Polanco 駅から徒歩12分。

Librería Porrúa

ポルア書店

Mexico City
Mexico

メキシコシティ
メキシコ

burrón
burrón
burrón
burrón
burrón
MARC CHAGALL
RODOLFO MORALES
MARC CHAGALL
RODOLFO MORALES
LA COLECCIÓN DE PINTURA DEL
BANCO NACIONAL
DE MÉXICO
CATÁLOGO • SIGLO XIX
México

店は森林公園の中にある。本を読みながらのコーヒータイムは至福のひととき。

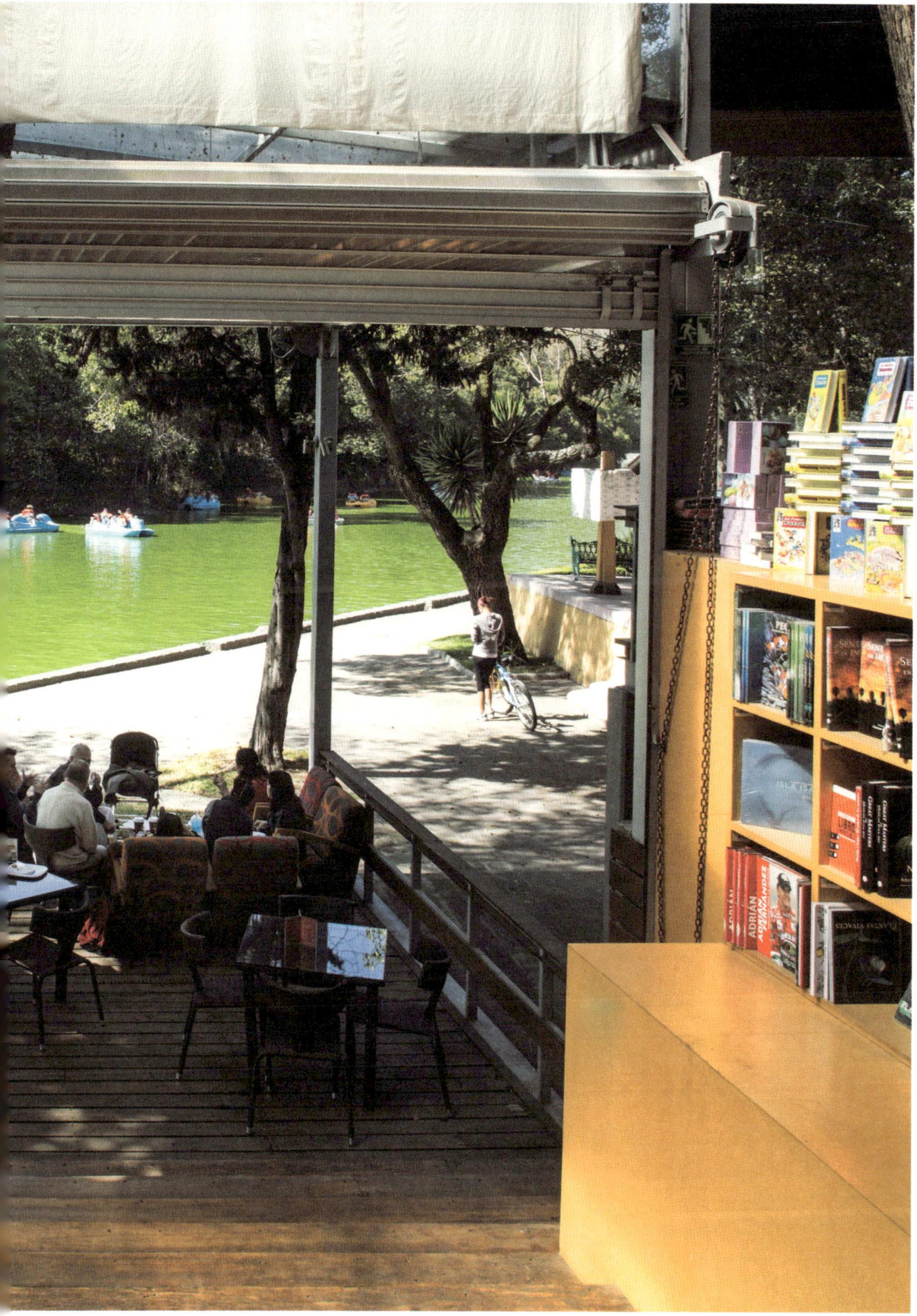

メキシコ作家全集から実用書まで、さまざまな本が並んでいます。

ガラスと木材でできたエコロジカルな建築が、公園の風景にすっかり溶け込んでいます。

太陽のもと、本に親しむさわやかな時間

「メキシコシティの肺」と呼ばれるチャプルテペック森林公園は、678ヘクタールの広大な敷地を誇ります。大都市の喧騒を遠く離れて、うっそうと茂るメキシコ杉の木陰を散歩したり、池でのんびりとボート漕ぎをしたりと、ゆったりとした時間を過ごす人たちでいつもにぎわっています。古代文明の考古学コレクションで世界的に有名な国立人類学博物館や、動物園や植物園も、この公園の中にあります。もう一つの楽しみが、1900年創業の老舗、ポルア書店が公園内にオープンした本屋さん。自然の中に読書体験を融合させ、エコロジカルな雰囲気で本が楽しめる場所として設計されました。

公園入口に近い大通りに面していて、森の中に建てられた別荘のような趣のガラス張りのお店は、自然と一体化したつくり。店内を木が突き抜け、ガラスの壁や池に面したテラスから、日光がさんさんと注ぎ込みます。店では毎週末、子ども向けの読み聞かせや朗読会などのイベントが開かれ、イベント中に本棚のまわりをリスが走り回ると、子どもたちの間に大きな歓声が上がります。

朝9時の開店とともにテラスの一番前のテーブルに陣取り、朝食を楽しむ大家族の姿も。見どころが多い公園ですが、ここで本を読みながらのんびりコーヒータイムを過ごすのが、実は一番の贅沢かもしれません。

広報部長　ヘオルヒーナ・アブッド

ポルアは今も家族経営。そして、経営者のポルア家は、いい人たち、優れた市民です。本を通して、本屋を通して、メキシコ人を幸せにすることをいつも考えています。メキシコ人の心にある本屋さんを目指した結果、こんな店が実現しました。

ほとんどアウトドアの書店なので、落ち葉の掃除が大変だし、雨が降った時は本が濡れないようにするのが一苦労。でも、だれでも気軽に立ち寄って、いろんな楽しみ方ができる素敵な場所です。本を買うだけではなく、コーヒーが飲めるし、池でボートを漕ぐ人たちを眺めることもできます。

Librería Porrúa

Av. Paseo de la Reforma s/n,
frente al Museo Nacional de Antropología Col. Chapultepec,
Ciudad de México, C.P. 11560 Mexico
tel: +52 55 5212 2241
www.porrua.mx
火～日 9:00～18:00　月休

地下鉄 Chapultepec 駅から徒歩25分。
ルフィーノ・タマヨ美術館に近い。

Shakespeare and Company

シェイクスピア・アンド・カンパニー

Paris
France

パリ
フランス

The LETTERS of F. Scott Fitzgerald
Paris Journal 1944-1965
FRENCH WATERCOLOURS OF THE 18TH CENTURY

ベッドに寝ているのは、店で飼われている黒犬コレット。

店の階上のアパルトマン。「一日一冊本を読むこと」を条件に、作家志望の若者たちが無料で滞在できます。

古いけれどきれいに磨き上げられた店内。

絵本コーナーの奥の壁は掲示板。各国語で、この本屋さんに来た感動が綴られています。

さりげなく飾られた先代の店長のポートレートが、店を見守ります。

パリ左岸、英語書店の終わらないドラマ

初代シェイクスピア・アンド・カンパニー書店は、戦前にアメリカ人女性シルヴィア・ビーチが経営していました。現在のお店は、彼女と親交があったパリのアメリカ人、ジョージ・ウィットマンが1951年に「ル・ミストラル」という名前で開き、シルヴィア・ビーチの死後、シェイクスピア・アンド・カンパニーの店名を引き継ぎました。

セーヌ川のほとりにあり、映画「ビフォア・サンセット」や「ミッドナイト・イン・パリ」にも登場するこの店の伝統は、作家やその卵たちが無料で滞在できること。これまで受け入れてきた人は5万人に上り、ヘンリー・ミラー、アナイス・ニン、アレン・ギンスバーグら有名作家たちもここを訪れました。店の階上のアパルトマンには、今もほぼ常に数人の若者が寝泊まりしています。

2011年にジョージが98歳で亡くなると、娘のシルヴィアさんが跡を継ぎました。父親からはカールした髪と水色の瞳を、初代シェイクスピア書店の店長からはシルヴィアの名を、そしてふたりから情熱を受け継いだ彼女の力で、店はさらに活気を得ています。ブックイベントだけではなく、シェイクスピア演劇にまつわるイベントも開くようになったのは、女優志望だった彼女のアイデアです。

2階には、シルヴィア・ビーチの蔵書を収めた図書室と絵本のコーナーがあります。ソファでくつろぐ店の飼い猫、美しい白猫キティにも出会えるかもしれません。

店長 シルヴィア・ウィットマン

イギリスで過ごした10代の頃は演劇に夢中で、本屋の経営には興味がなかったのですが、パリに戻ってきたときに「この店はまるで劇場だ」と気がつきました。個性的な登場人物が次々と登場しては消えていき、日々ドラマが展開します。この店を特別な場所にしているのは、歴史の重みだけではなく、生きた本屋としての活気です。ふだん本屋に行かない人も、ここに来たことをきっかけに、読書の楽しみを見つけてくれたらと思います。

父は勤勉であると同時に、物事を深刻にとらえすぎないユーモアの持ち主でした。こうした精神を私も忘れないように心がけています。

Shakespeare and Company
37 rue de la Bûcherie, 75005 Paris, France
tel: +33 1 43 25 40 93
http://shakespeareandcompany.com/
news@shakespeareandcompany.com
月〜金 10:00〜23:00／土・日 11:00〜23:00
一部祝休

地下鉄 Saint-Michel 駅から徒歩4分。
セーヌ川対岸のノートルダム大聖堂から鐘の音が聞こえる距離。

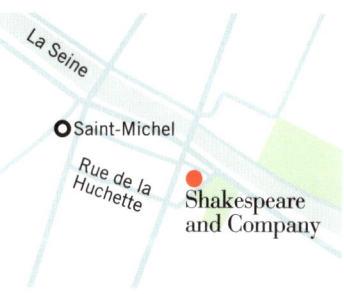

La Belle Hortense

ラ・ベル・オルタンス

Paris
France

パリ
フランス

Sigmund Freud
JOYCE CAROL OATES
Petite sœur, mon amour
VOYAGER AVEC
MARGUERITE D
LAURE ADLER
DOMINIQUE ISSERMAN
SOUTH AFRICAN STYLE
NEW YORK STYLE VOL II
SWEDEN STYLE
TASCHEN

086

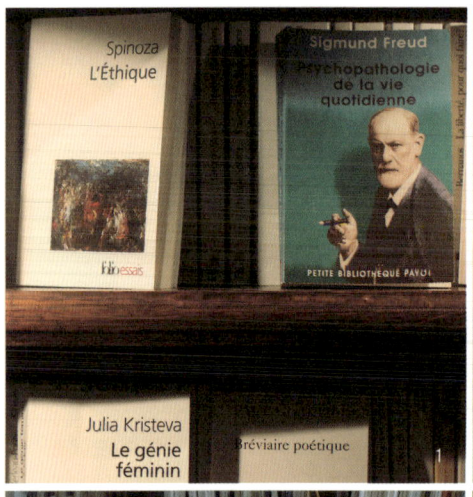

1. 不動の人気は哲学や
   現代思想の本というのが
   パリらしい。
2. 厳選された絵本。
3.7. 並ぶのは、新旧問わず
   お店が勧める本だけ。
   温かみのある電球の光では、
   本がいっそう美しく見えます。
4. エスプレッソ・マシンの脇に、店員が
   仕事の合間に読んでいる本。
5. 子どものけんけんぱ遊びを
   デザインした床。ゴールは「空」。
6. 絵本の下に、ワインのボトル。
8. 窓辺は注目の新刊のコーナー。
   真鍮の手すりはいつも
   磨き上げられています。

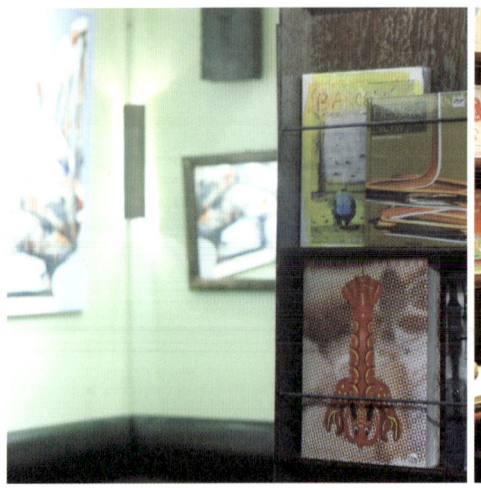

左:店の奥には小さなギャラリー。右:細い廊下の両脇にも本棚が。

マレの目抜き通り、ヴィエイユ・デュ・タンプル通りに面したお店。

088

ワインバー兼書店でパリらしい夕べを

マレの一角にある小さなお店。オーナーのグザビエさんは、この店の近くにあるカフェ「ル・プチ・フェール・デュ・シュヴァル」、「ル・フィロゾフ」、バー「レトワール・マンカント」も経営し、個性のある店づくりで知られます。

ベル・オルタンスは、本格的なワインバーでありながら、本が買えるというオリジナリティーあふれるお店。本は小説・詩集や哲学書が中心ですが、子ども向けの本も店ならではのセレクト。ワインと絵本が並ぶのは、なんともフランスらしい光景です。

内装は、オーナー自らデザインしました。通りに面した部屋には1920年代のアンティークのバー・カウンターがあり、その反対側の壁一面が本棚になっていて、足元にはワインのボトルが収められています。飴色の木の棚に並べられ、間接照明を受けた本は、ひときわ美しく見えます。

店名の「オルタンス」は、フランスの女性の名前で、語源は「庭師」を意味するラテン語。「ベル(美しい)・オルタンス」には、「フェミニンでエレガントな場所にしたい」という願いが込められています。カウンターではいつも女性の店員が優雅にワインを注ぎ、本についての質問にも応じます。だから、伝統的なワインバーとは違い、女性のひとり客、あるいは女友達のグループも少なくありません。女性だけで気兼ねなくお酒が飲めるのは、パリでも貴重な空間です。

オーナー・店長　グザビエ・ドナミュール

お客さんは、友人や家族とワインを飲み、おしゃべりをしに来る人がほとんどです。でも、本が会話のきっかけになることもあるし、普通の本屋なら見落としていた本を、ふと手にとって読んでみたくなるかもしれません。それが大切な一冊になることもあるでしょう。そんな出会いのために足を運んでもらえたらと思います。

文学も、ワインも、農業も、フランスの大切な文化。そのすべてにおいて、意識向上をはかりたいと願っています。僕の究極の願いは、できるだけ多くの人が、テレビを見るのをやめて、本を読むようになること。メディアに洗脳されるのではなく、自分の力で考えられるようになることです。

La Belle Hortense
31 rue Vieille du Temple, 75004 Paris, France
tel : +33 1 48 04 71 60
www.cafeine.com
xavier@cafeine.com
月～土 17:00～深夜2:00／日 14:00～深夜2:00

個性的なショップが集まるヴィエイユ・デュ・タンプル通り。
地下鉄 Saint Paul 駅から徒歩6分。

Librairie des Jardins

ジャルダン書店

Paris
France

パリ
フランス

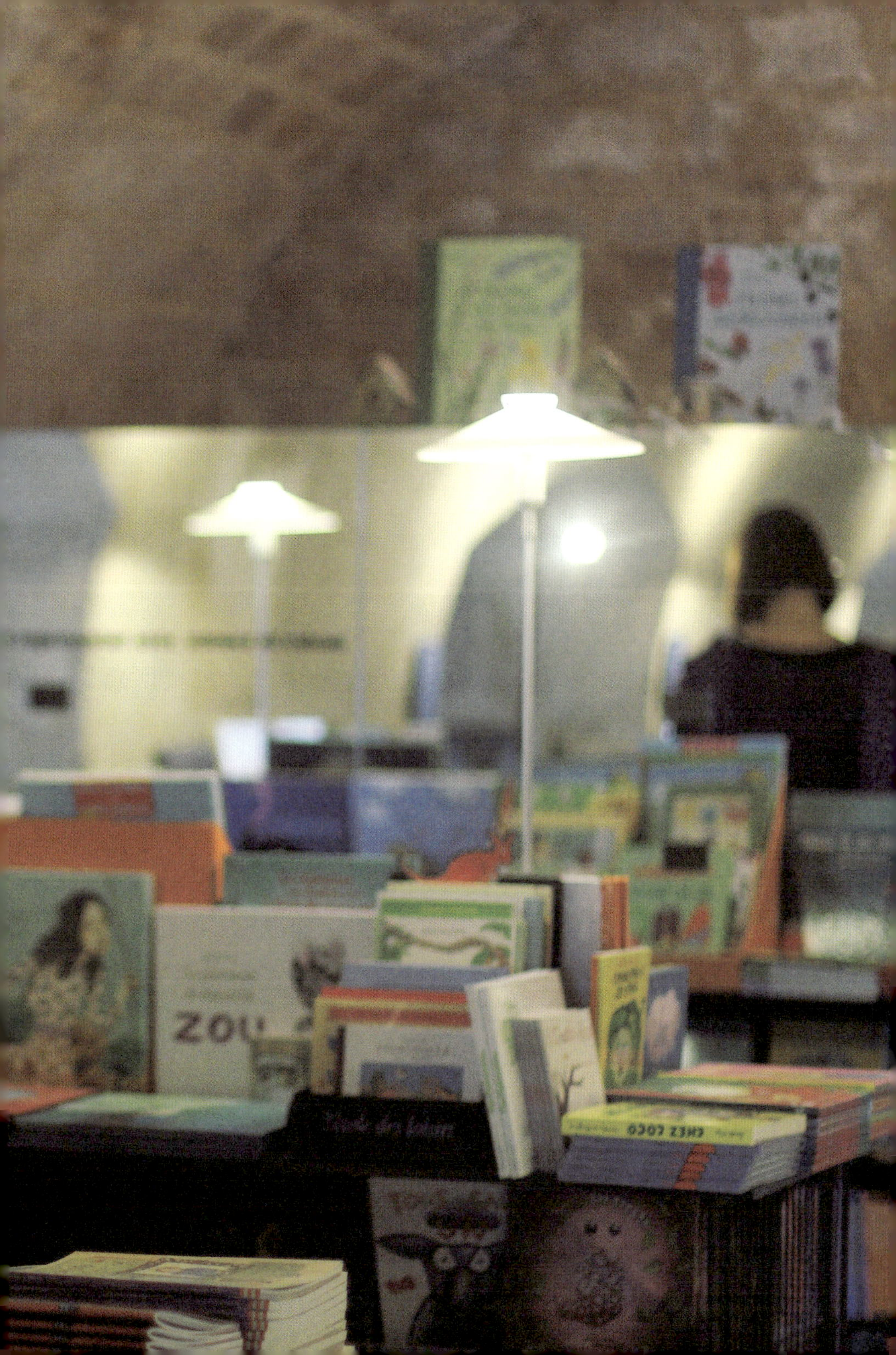
ZOU

092

1. コンコルド広場に面した窓。
2. ヴェルサイユ宮殿から京都の禅寺まで、世界の庭園に関する本が勢揃い。
3. 植物画と写真集のコーナー。
4. 古代から近代まで、庭園の歴史の本も集められています。
5. 子どもの本も、草花や自然がテーマ。
6. さまざまな野菜を解説した昔のポスター。
7.8. 本を引き立てるように、花やグリーンが活けられています。
9. 洞窟のようなオフィスオーナー。
10. 庭園の流行を紹介する本。
11. 書棚を飾る花のガーランド。

庭園の門のすぐ裏がお店の入口。いつも花や植物が飾られています。

石の壁に囲まれたトンネル型の建築は、かつてはチュイルリー公園の門番小屋でした。

チュイリー公園で植物や庭の本に親しむ

セーヌ川の右岸沿いにあるチュイリー公園は、コンコルド広場とルーブル美術館に挟まれ、パリで最も広く、最も歴史のある公園です。もともとはチュイリー宮殿の庭として、ヴェルサイユ宮殿の庭園設計でも知られるルイ14世お抱えの造園家、アンドレ・ルノートルが設計しました。噴水や散歩道、剪定された木が整然と並ぶ典型的なフランス式庭園です。

この公園の入口、17世紀の門番小屋に1996年に設けられたのが、「庭園（ジャルダン）の書店」。石造りの建物を生かしつつ、床には花崗岩、家具には公園の柵と同じ鋳鉄を使い、モダンなインテリアで仕上げています。

店で扱うのは、庭園、園芸、植物に関する本ばかり。実用書や写真集、小説や詩集、そして子ども向けの本と幅広いジャンルに渡ります。このジャンルの専門書店は珍しいので、フランスだけではなく、ヨーロッパをはじめさまざまな国からガーデニングや造園のプロ、愛好家たちが集まるようになりました。出版イベントのときはもちろん、ふだんからお客さんと店長や店員さんの間で話が弾み、情報交換の場になっています。

植物画やポストカード、それに月の満ち欠けに応じて適切な手入れをするための園芸カレンダーといった小物も充実。写真やイラスト入りの本が多いので、フランス語が分からなくても楽しめます。

店長 フランソワーズ・シモン

フローリストだった父の影響で、子どもの頃から花が大好きでした。現在もパリ郊外の庭園でプロの庭師の助けを借りながら、ガーデニングを楽しんでいます。そして、昔から読書も大好き。店では日本庭園の本や、俳句の本も扱っています。自然をいつくしむ日本の文化には、フランスの庭園に対する情熱と通じるものがありますね。

以前は3、4年ごとに仕事を変えていましたが、ここの店長になって10数年が経っても、今まで一度も飽きたことがありません。今ではチュイリー公園の庭師さんとも、庭園に関する仕事をしている写真家や本の著者、編集者のお客さんたちとも仲良しです。

Librairie des Jardins
Grille d'Honneur du Jardin des Tuileries, Place de la Concorde,
Domaine National du Louvre et des Tuileries, 75001 Paris, France
tel: +33 1 42 60 61 61   fax: +33 1 42 60 02 21
www.louvre.fr
francoise.simon@louvre.fr
月〜日 10:00 〜 19:00   一部の祝休

地下鉄 Concorde 駅から徒歩2分。
コンコルド広場に面した公園入口の裏にある。

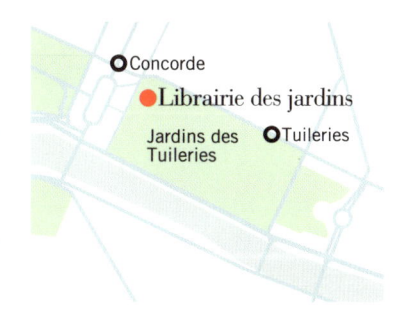

Tanum
Litteraturhuset

ターナム・リテラチュールヒューセット

Oslo
Norway

オスロ
ノルウェー

hei
horunger

お店の中央にあるのが、スタッフが勧める注目の本のコーナー。ヨーロッパ内外の現代文学が中心です。

カフェに座ると、本屋さんが一望できます。

新旧さまざまな文人たちの肖像が飾られた階段。

窓辺に置かれたカフェのテーブル。シンプルで明るいインテリアに、カラフルな本がアクセント。

左上・左下:緑あふれるテラスは大人気。右:カンディダ・ヘーファーによる図書館の写真が飾られたラウンジ。

積み木の家のような四角い建築。階上にはイベント会場のほか、招待作家のためのアパートや書斎があります。

カフェも魅力、「文学の家」の小さな本屋さん

ノルウェーの首都オスロの瀟洒な大使館街にある「文学の家（リテラチュールヒューセット）」。以前は学校だったという、チャーミングな四角い建物です。木々や草花に囲まれたテラスがあり、夏場の晴れた日は、夜まで輝く太陽の光を浴びる人たちでにぎわいます。

その玄関口にある本屋さんが、ターナム・リテラチュールヒューセット。扱っているのは2〜3割がノルウェー語の本で、そのほかは英語の本が中心。レジ脇の黒板にはスタッフお勧めの本が彼らの名前入りで書かれています。隣には、シンプルで居心地のいいカフェ・レストランとラウンジ。ノルウェー産スモークサーモンとライ麦パンを味わいつつ、本に囲まれたひとときが楽しめます。

「文学の家」は、本に興味を持つすべての人が出会い、作家を囲んで対話が生まれる広場となることを目指して2007年にオープンしました。本に関する大小さまざまなイベントが年間約1,500件も開かれています。これまで、ペール・ペッテルソンらノルウェーを代表する作家のほか、村上春樹、ジョーン・アーヴィング、ジュリア・クリステヴァ、デヴィッド・リンチ、パティ・スミスら、国際的な顔ぶれの作家や研究者、アーティストたちの講演も行われてきました。

館内のイベントに招かれた海外の作家には、この店からノルウェー文学の英訳書がプレゼントされる習慣もあります。「文学の家」の顔ともいえる、世界を本でつなぐお店です。

店長　オッド・マーティン・カールセン

文学理論と出版を学んでいたのですが、大学を中退。海軍に1年勤めたのち、創作を学び、結局本を売る仕事を選びました。ノルウェーは、人口ひとり当たりの本屋の数が世界一多い国だとか。この店は、「文学の家」にあるおかげで、一般的な本屋とは違う個性が実現できます。小さいけれど、他では見つからないような幅広い本に出会える、温かみのある本屋です。お客さんとは、「現代詩における句読点の問題」なんていう文学談義で盛り上がることもあります。他の本屋さんで働いていたこともあるのですが、この店では、「本屋で働きたい」というロマンティックな夢が本当の意味でかなったと感じます。

Tanum Litteraturhuset
Wergelandsveien 29, 0169 Oslo, Norway
tel: +47 23691080
http://www.tanumbokhandel.no/tanum-litteraturhuset.139864.no.html
litteraturhuset@tanum.no
月〜金 11:00〜20:00／土 10:00〜18:00／日 12:00〜16:00
イースター、5月17日、クリスマス休

トラム Welhavens Gate 駅から徒歩5分。
ノルウェー王宮のある宮殿公園からすぐ。

Mendo

Amsterdam
the Netherlands

アムステルダム
オランダ

メンド

TIM WALKER

HELMUT
NEWTON

店で扱う主要ジャンルのひとつ、ファッションのコーナーです。書棚はいつも丹念に整えられています。

10ユーロから4万ユーロまでと、幅広い価格の本が見つかります。

左：新刊の大型本を手に取りやすくディスプレイ。右：装丁も美しい本ばかり。

スタッフは黒のスーツ姿で、お店の風景にすっかり溶け込んでいます。

まるでギャラリーのようなガラス張りの外観。

選書にもセンスが光る黒一色のデザイン書店

おしゃれなブティックやカフェが軒をつらねる界隈で、ひときわ目を引くスタイリッシュな黒一色の本屋さん。お店はグラフィック・デザインの事務所でもあり、モニターを前に仕事をするデザイナーたちが、本のセレクトから接客まで、書店員の仕事も務めます。

プロのデザイナーであるスタッフの鑑識眼にかなった本だけを絞り込んで売るのがこの店のポリシーです。ジャンルはグラフィック、広告、ファッション、インテリア、写真の5つの分野のみ。商品数は2,000冊に抑え、それと同じ数だけ、「メンド」と背表紙に書かれた真っ黒な本を置いているのがユニーク。開くことはない飾り用の本なのに、中の紙まで黒一色で作っているというこだわりぶりです。

このように黒で統一したインテリアも、温かみのあるスポット照明も、すべては美しい本をより美しく見せるための工夫です。実物を見ないと魅力が分からない大型ヴィジュアル本も積極的に置いていて、このお店で魅力にとりつかれて大きな書棚を家に作ったお客さんもいるとか。熱心なコレクターのほか、ファッションや写真、建築などの業界関係者に愛顧されていますが、一般のお客さんにもとても親切な接客。アムステルダムらしいアーティーな雰囲気と洗練された美意識にふれるために、ぜひ訪れたいお店です。

共同オーナー・店長 ユーリ・ウォーム

お客さんの多くは、僕たちがデザイナーであることを知らずに店へやってきます。それでも「これだけしか本がないんだから、置いてあるのはいい本に違いない」と思ってもらえています。この点では、Tシャツ3枚しか商品を置いていないような東京のセレクトショップと、戦略が似ていますね。

先日、友だちの誕生日パーティーに行ったら、だれかがメンドの包装紙にくるまれたプレゼントを持ってきていました。友だちが開けてみたら、中身はメンドでは扱ったことのない本。「メンドで買う」ということが、ステータスになっているのでしょう。悪い気はしませんでした。

Mendo
Berenstraat 11, 1016 GG Amsterdam, the Netherlands
tel: +31 20 612 12 16
www.mendo.nl
contact@mendo.nl
月〜土 12:00〜17:30／日 13:00〜17:00 一部の祝休

トラム Spui 駅から徒歩8分。
近くのスパウ(Spui)広場では、毎週金曜日に本のマーケットが開かれる。

Tranquebar

Copenhagen
Denmark

トランケバル

コペンハーゲン
デンマーク

SYDAMERIKA

OLUF HØST

TUTANKHAMUN

店名は、昔デンマークの植民地だったインドの町の名前に由来します。世界を旅できるお店です。

国別に並べられた本の間に、食器などの雑貨や小物が置かれています。

コーヒーと一緒に楽しみたいデニッシュ・ペストリーやクッキー。

カウンターまわりにはデンマーク内外の食品を集めました。

照明のシェードは、空き缶をリサイクルしたセネガル製。

多彩な文化が集合、大人のためのブックカフェ

「世界に、そして上質な生活に興味がある人たち」をターゲットにトランケバルを運営するのは、デンマーク人女性のティナとヴェベケ。ふたりとも海外経験が豊富で、母親が同じ本屋さんで働いていたという縁もあり、意気投合してこの店を開きました。

本のほか、音楽、コーヒー、ワインが楽しめる大人のためのお店です。インテリアは、アートを学んだ経験のあるティナが手がけました。エスニックのデザインを絶妙に取り入れていて、キッチュに陥らず洗練された雰囲気。入口の円形のカウンターは、バーカウンター兼レジ。書棚は地域別・国別に構成されていて、ガイドブックのほか、それぞれの国の文学、芸術、歴史などを紹介する本や写真集、それにワールドミュージックのCDをそろえています。さらに、ガーナの手編みかごやウガンダの人形など、フェアトレードの工芸品が色鮮やかに店内を彩ります。

店にはワールドミュージックが低音量で流れ、無料のWIFIが利用できます。仕事や打ち合わせに使う人も少なくありません。毎週金曜日には、コンサートや朗読会のほか、お酒を飲みながら静かにおしゃべりを楽しむ「ラウンジ」と呼ばれる集いが開かれ、コペンハーゲンの社交の場になっています。デンマークの首都で多文化に出会える、世界の小さな中心のようなお店。そして、「コペンハーゲンでいちばんおいしい」と評判のコーヒーも魅力のひとつです。

共同店長・オーナー ティナ・ラーセン

ロンドンの旅行書店を舞台にした映画「ノッティンヒルの恋人」を見て憧れ、「いつか旅行をテーマにした本屋を開きたい」と思っていました。子育てを終え、その夢を実現しました。

カフェで出すコーヒーにもこだわっていて、豆をコロンビアの業者から直接買いつけているくらい。本を買いに来た人は、その香りの誘惑には勝てず、つい一杯オーダーしたくなります。逆にコーヒーを飲みに来た人なら、自然と本を目にして、読みたい本に出会うかもしれません。こんな風に、うちの店はさまざまな要素でできていて、すべてが影響しあって魅力的な空間を生み出します。

Tranquebar
Borgergade 14, 1300 Copenhagen K, Denmark
tel:+45 33125512
www.tranquebar.net
mail@tranquebar.net
月〜木 10:00〜18:00／金 10:00〜23:00／土 10:00〜15:00
日・一部の祝休

ローゼンボー離宮の最寄駅、
地下鉄 Nørreport 駅から徒歩12分。

Librairie
Jousseaume

ジュソーム書店

Paris
France

パリ
フランス

GERARD DALMAZ
DE GAULLE À LA UNE
PHOTO ICONS
MARCIA DAVENPORT
Les Indes noires
Un château en Bavière
ROBERT LUDLUM
L'agenda Icare
LE SAINT
devient nourrice sèche
...Et tournent les chevaux de feu
PERRY RHODAN
K.H. SCHEER C. DARLTON
LA GRANDE MÊLÉE
Le macchab de ma tante

D.&F. Jousseaum
Achat - Vente
01 42 96 06 24
du lundi au samedi 11h - 1
1

Maison Fondée en 1826
A. PETIT SIROUX
2

3

Arthur Conte
4

UN LIVRE
5

6

1. ガラスに筆記体の案内。
2. 希少書のほか、
   手ごろな値段の古本も置いています。
   この伝統は創業時から変わりません。
3. 貴重な初版本も見つかる小説のコーナー。
4.8.本のジャンルは限定していません。
   店のあちこちに、掘り出し物がありそうな
   コーナーが点在。つい長居してしまいそう。
5. 古いポスターや写真が
   さりげなく飾られていました。
6. シリーズや出版社ごとにまとめられた書棚。
7. ハトロン紙がかけられた昔の文芸書。
9. 新品に近い本もあります。
10. 店の一角に積まれた書類。
11. 哲学のコーナー。ニーチェに関する
    解説書などが見つかります。

左:希少書を集めたショーウィンドウ。右:店頭にはお買い得の古本が並びます。

店はパリ国立図書館旧館にほど近く、伝統的な右岸文化の中心地にあります。

パッサージュの古本屋さんでパリの歴史を探訪

19世紀のパリで流行したガラスと鉄の近代建築、パッサージュ。今も往時の面影をとどめ、「パリで最も美しいパッサージュ」とも呼ばれるのが、ギャルリー・ヴィヴィエンヌです。この中にあるジュソーム書店は1826年創業。1890年代には今のオーナーの曾祖父が店を買い取り、ジュソーム書店と呼ばれるようになりました。歴史の重みに磨かれた美しさと存在感は、ギャルリー・ヴィヴィエンヌの名声におおいに貢献しています。

現在の店主、フランソワ・ジュソームさんは、1987年に祖父の跡を継ぎ、ひとりで店を切り盛りしています。毎朝すみずみまで掃除をするので、古書店でありながらちりひとつ見つからないほど。そして、毎日午前11時きっかりにオープン。本の箱と絵はがきの棚を店頭に出すところから、一日がスタートします。

「古本屋にとっていちばん大切なのは記憶力」と言うフランソワさん。すべての本の場所を覚えていて、きちんと管理して大切に扱っています。そのおかげで、どの本にも命が通っているように感じられ、長年お客さんに支持されてきたのもうなずけます。

扱う本は、文学、美術、パリに関する本が中心。ショーウィンドウには、フランソワさんが特に好きだという昔のリーブル・ド・ポッシュ（文庫本）や挿画入りの本が飾られたコーナーがあります。

オーナー・店長　フランソワ・ジュソーム

時代は変わっても、美しいパッサージュの中は、パリの中心にありながら車の騒音とも無縁で、静かな空間が守られています。ここで本に触れる時間には、格別の贅沢さがあると思います。
私が祖父から学んだのは、記憶力の大切さです。引き継ぎのようなことはほとんどしませんでしたし、ほかは実地で覚えました。ひいきにしてくださるお客さんのなかには、古書の目利きが多いので、こちらがアドバイスするというより、お客さんから学ぶことが多いです。そこは普通の書店とは違うかもしれません。今後の希望といえば、できる限り店を守り続けることにつきます。

Librairie Jousseaume
45-46-47 Galerie Vivienne, 75002 Paris, France
fel & fax: +33 1 42 96 06 24
www.librairie-jousseaume.fr
jousseaumebooks@free.fr
月〜土 11:00〜19:00／日休

地下鉄 Bourse 駅から徒歩4分。
モザイクや装飾が美しいギャルリー・ヴィヴィエンヌも必見。

Libreria Antiquaria Gonnelli

Florence
Italy

フィレンツェ
イタリア

ゴネッリ古書店

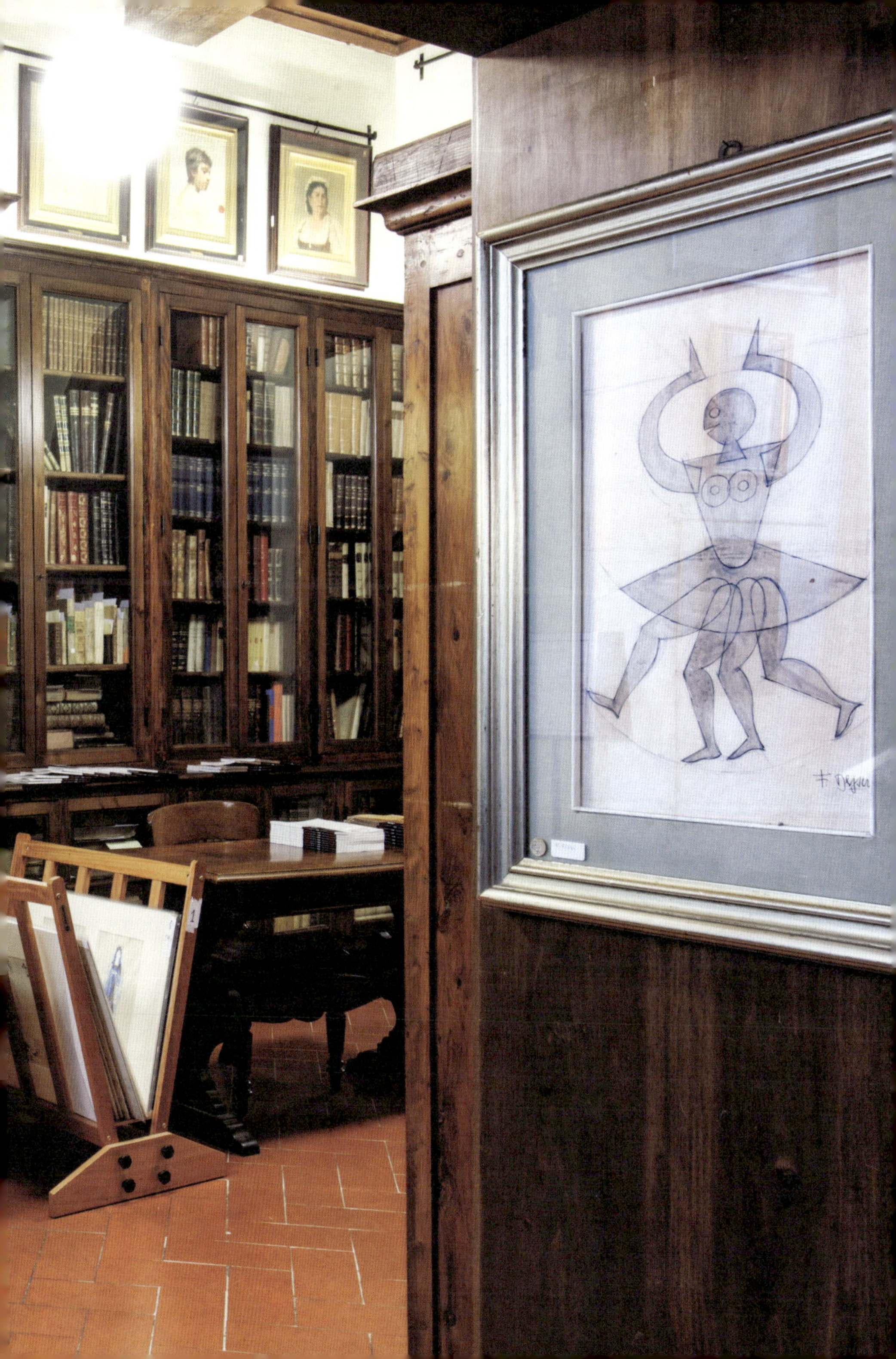

英語やフランス語も話す店員さん。海外からフィレンツェを訪れ、この店に立ち寄るお客さんも多いのです。

店内には近代絵画を集めたギャラリーがあり、オークション会場としても使われます。

磨き上げられた店内。貴重な本が最高の環境で保管されています。

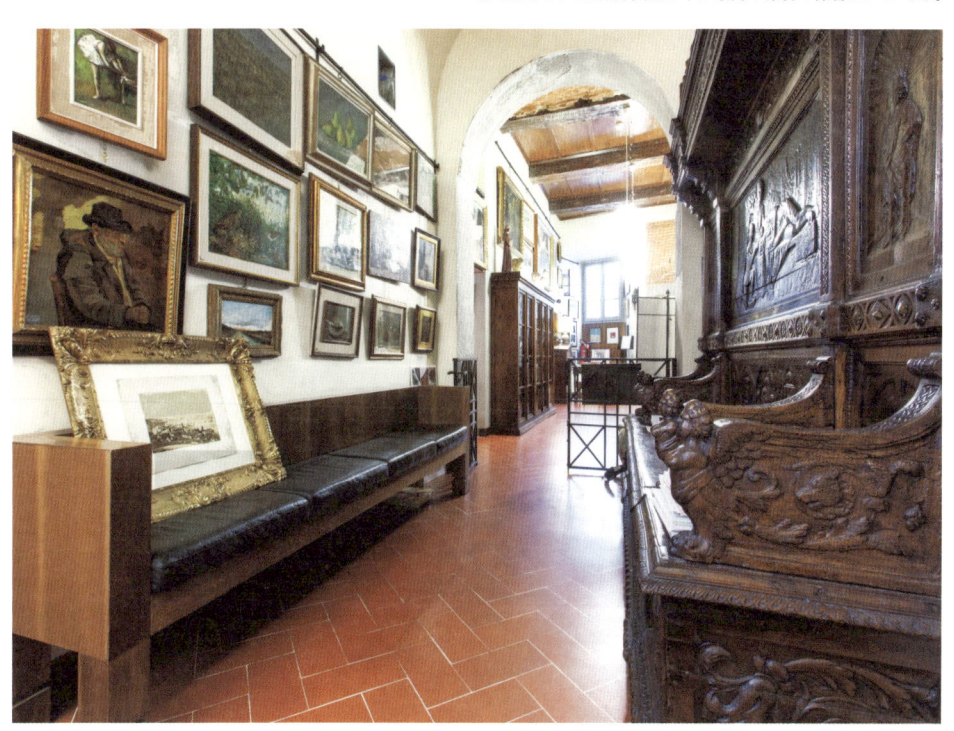

間口が狭くて奥に長く伸びる店は、ドゥオモにほど近い16世紀の歴史建築にあります。

リカゾーリ通り6番地。1863年にはすでに出版社として営業していた記録があります。

昔の図書館にあったような、目録カードを収めた引き出し。

フィレンツェの老舗で文化遺産の本に出会う

フィレンツェの旧市街にあるゴネッリ古書店の創業は1875年。創業者のルイジ・ゴネッリは、今の4代目店長マルコさんの母方の曾祖父にあたります。希少書の販売に加え、19〜20世紀の絵画のオークションハウスを併設し、本に関する専門書の出版もしています。かつては古書店が軒を連ねていたフィレンツェでも、インターネットでの売買が主流になった今では、これほど歴史ある店は貴重な存在になりました。

イタリアでは、フィレンツェ、ヴェネチア、ローマの3都市を中心に、ルネッサンスの頃から数多くの本が印刷されてきました。古書店の役割は、文化財であるこれらの本について正確な情報を管理し、最善の状態で保存し、必要な修繕をほどこし、適切な方法で流通させ、未来の世代に受け継いでいくことにほかなりません。新刊書店と違い、仕入れと在庫管理は、図書館のように手間をかけて行います。格調高いお店ですが、予約は必要なく、ベルを鳴らせばだれでも入れます。「ミケランジェロの原画はありますか」と真顔で聞いてくる観光客もいるし、図書館だと勘違いする人もいるとか。でも、勝手に本に触ることはできません。ジャンルも著者名も無視して本の形や大きさだけで置く棚を決めるユニークな陳列方法を取っているうえ、店員がお客さんの要望を聞いて本を出してくるという昔ながらの方式。これが、本を守り、美しい書棚を保つための老舗ならではの秘訣です。

オーナー・店長 マルコ・マネッティ

この店の2代目の娘だった母は、フィレンツェの国立図書館で働いていて父と出会い、職場結婚しました。まさに映画みたいな出会いですよね。私は本の星の下に生まれたというわけです。子ども部屋にも本の在庫が積んであり、親たちはいつも本の話をしていました。

店を継ぐつもりがなかったので、急死した父から学んだノウハウは何もありません。でも、呼吸をするように、本への愛着が身についていたのでしょう。ガリレオやダンテの著書など、まさに人類の知恵を象徴する本に日々囲まれ、それを売るのは、ほかの商売には比べ物にならない高貴な仕事です。

Libreria Antiquaria Gonnelli
Via Ricasoli, 6, 50122 Firenze, Italy
tel: +39 055 216381   fax: +39 055 2396812
www.gonnelli.it
info@gonnelli.it
火〜土 9:00〜13:00、15:30〜19:00
月・日休（6月〜9月は月営業、土・日休）

Firenze S. M. N. 駅から徒歩12分。
アカデミア美術館と同じ通りに位置する。

あとがき

本は人生の友だち──イタリアやアルゼンチンで出会った書店員さんたちの言葉です。
そして、本屋さんは家のような存在です。
たとえ、初めて訪れる町の見知らぬ本屋さんであっても。
本棚に囲まれていると、どこか懐かしく、ほっとします。
店員さんやほかのお客さんとは、たとえ言葉を交わさなくても、
本が好きというだけで通じ合っているように感じられます。
幼いころから本屋さんに親しんでいた私が、ひとり海外で暮らすようになると、
本屋さんはいつも、知恵や楽しみとともに元気を与えてくれる空間でした。
世界の街角に、いつでも帰れる温かい場所があるというのは、なんて幸せなことでしょう。
この小さな本に、本屋さんで過ごす時間のかけがえのないぬくもりを込めて。

清水玲奈

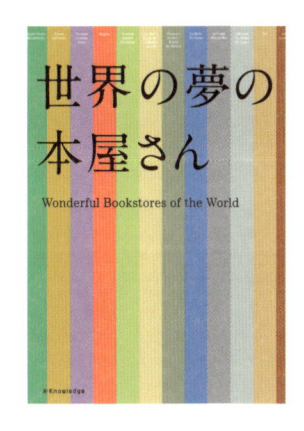

世界の夢の本屋さん

ロンドンとパリを中心に、ローマ、ミラノ、アムステルダム、ブリュッセルなど、ヨーロッパの人気都市で本屋さんめぐり。私の好きなお店に加えて、現地に暮らす友人のおすすめで取材先を決めました。基準は「空間の美しさ」。本選びを楽しめる居心地のよいお店には足を運びたくなるもの。そんなお店は活気があり、本の質も充実しています。

著：清水玲奈、大原ケイ
A4 上製／ 216 頁／ 3,800 円（税抜）
ISBN：978-4767811475

世界の夢の本屋さん 2

ヨーロッパとアジアに加え、ボサノヴァとタンゴが好きな著者の個人的興味から南米まで足を延ばしました。さらに、外国人に自慢したい日本の名店も訪れています。リオデジャネイロから京都まで、世界中の魅力的な町にはそれにふさわしいすてきな本屋さんがあります。刷り上がった本をロンドンで受け取ったとき、感激のあまり涙したくらい、私にとっては思い入れのある美しい本です。

著：清水玲奈
A4 上製／ 224 頁／ 3,800 円（税抜）
ISBN：978-4767814032

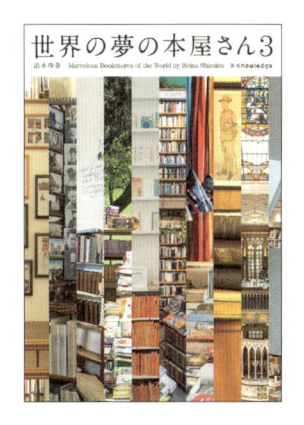

世界の夢の本屋さん 3

フランス、イギリス、イタリア、ドイツ、ギリシャ、ポルトガルや北欧のほか、メキシコ、アメリカのさまざまな 19 都市で、地元の人に熱愛される書店を徹底調査。次々とカップルを誕生させるヘルシンキのロマンティックな本屋さん、日暮れとともに閉店するカリフォルニアのアウトドア書店、エリザベス女王が毎週本をお買い上げになるロンドンの老舗。一生に一度は足を運びたいお店ばかりです。

著：清水玲奈
A4 上製／ 216 頁／ 3,800 円（税抜）
ISBN：978-4767816821

Recommendation

著者
清水玲奈　Reina Shimizu
ジャーナリスト。東京大学大学院総合文化研究科修了（表象文化論）。ロンドンとパリを拠点に、アート、カルチャー、ファッション関連の執筆、映像制作にかかわる。著書に『世界の夢の本屋さん2』『世界の夢の本屋さん3』『世界で最も美しい書店』（いずれもエクスナレッジ刊）がある。

世界の美しい本屋さん

2015年4月17日　初版第1刷発行
2021年10月22日　第9刷発行

発行者　澤井聖一

発行所　株式会社エクスナレッジ
　　　　〒106-0032　東京都港区六本木7-2-26

問合せ先　編集 Tel:03-3403-6796　Fax:03-3403-1345　Mail:info@xknowledge.co.jp
　　　　　販売 Tel:03-3403-1321　Fax:03-3403-1829

無断転載の禁止
本誌掲載記事（本文、図表、イラスト等）を当社および著作権者の承諾なしに無断で
転載（翻訳、複写、データベースへの入力、インターネットでの掲載等）することを禁じます。

©X-Knowledge Co.,Ltd.　Printed in Japan